「通古察今」系列丛书

五四前后的中国知识界

郑师渠 著

河南人民出版社

图书在版编目(CIP)数据

五四前后的中国知识界 / 郑师渠著. —— 郑州：河南人民出版社，2020.11（2024.1重印）
（"通古察今"系列丛书）
ISBN 978-7-215-12258-1

Ⅰ．①五… Ⅱ．①郑… Ⅲ．①知识分子-研究-中国-近代 Ⅳ．①D693.71

中国版本图书馆CIP数据核字（2020）第201143号

河南人民出版社 出版发行
（地址：郑州市郑东新区祥盛街27号 邮政编码：450016 电话：65788072）
新华书店经销　　　永清县晔盛亚胶印有限公司印刷
开本　787毫米×1092毫米　　1/32　　印张　7.5
字数　105千字
2020年11月第1版　　　　2024年1月第3次印刷

定价：58.00元

"通古察今"系列丛书编辑委员会

顾　问　刘家和　瞿林东　郑师渠　晁福林
主　任　杨共乐
副主任　李　帆
委　员　(按姓氏拼音排序)

　　　　安　然　陈　涛　董立河　杜水生　郭家宏
　　　　侯树栋　黄国辉　姜海军　李　渊　刘林海
　　　　罗新慧　毛瑞方　宁　欣　庞冠群　吴　琼
　　　　张　皓　张建华　张　升　张　越　赵　贞
　　　　郑　林　周文玖

序　言

在北京师范大学的百余年发展历程中,历史学科始终占有重要地位。经过几代人的不懈努力,今天的北京师范大学历史学院业已成为史学研究的重要基地,是国家首批博士学位一级学科授予权单位,拥有国家重点学科、博士后流动站、教育部人文社会科学重点研究基地等一系列学术平台,综合实力居全国高校历史学科前列。目前被列入国家一流大学一流学科建设行列,正在向世界一流学科迈进。在教学方面,历史学院的课程改革、教材编纂、教书育人,都取得了显著的成绩,曾荣获国家教学改革成果一等奖。在科学研究方面,同样取得了令人瞩目的成就,在出版了由白寿彝教授任总主编、被学术界誉为"20世纪中国史学的压轴之作"的多卷本《中国通史》后,一批底蕴深厚、质量高超的学术论著相继问世,如八卷本《中国文化发展史》、二十卷本"中国古代社会和政治研究丛书"、三卷本《清代理学史》、五卷本《历史文化认同与中国统一多民族国家》、二十三卷本《陈垣全集》,

以及《历史视野下的中华民族精神》《中西古代历史、史学与理论比较研究》《上博简〈诗论〉研究》等，这些著作皆声誉卓著，在学界产生较大影响，得到同行普遍好评。

除上述著作外，历史学院的教师们潜心学术，以探索精神攻关，又陆续取得了众多具有原创性的成果，在历史学各分支学科的研究上连创佳绩，始终处在学科前沿。为了集中展示历史学院的这些探索性成果，我们组织编写了这套"通古察今"系列丛书。丛书所收著作多以问题为导向，集中解决古今中外历史上值得关注的重要学术问题，篇幅虽小，然问题意识明显，学术视野尤为开阔。希冀它的出版，在促进北京师范大学历史学科更好发展的同时，为学术界乃至全社会贡献一批真正立得住的学术佳作。

当然，作为探索性的系列丛书，不成熟乃至疏漏之处在所难免，还望学界同人不吝赐教。

北京师范大学历史学院
北京师范大学史学理论与史学史研究中心
北京师范大学"通古察今"系列丛书编辑委员会
2019年1月

目　录

前　言 / 1

一、"五四"前后外国名哲来华讲学与中国思想界的变动 / 3

（一）中国进步思想界的共同客人 / 5

（二）名哲讲学与"东方文化派"的崛起 / 13

（三）名哲讲学与国人的"以俄为师" / 37

（四）名哲讲学与中共建立"思想革命上的联合战线"思想的提出 / 70

（五）结语 / 93

二、从"五卅"到"三一八"：中国的知识界 / 98
　　——以北京、上海为中心

（一）引子 / 98

（二）从陈独秀的愤激到孙伏园"苦痛中的快乐"：新闻界的奋起 / 101

（三）知识界的独特作用与影响 / 114

（四）三一八运动继起与"时移势异" / 142

（五）余论 / 164

三、"五四"后知识阶级的自我体认（1920—1926）/ 168
—— 以五卅运动和三一八运动为中心的考察

（一）"五四"前后：知识阶级的自觉 / 169

（二）超越思想解放的范畴：投入国民革命的大潮 / 183

（三）浪漫的情怀：以社会精神领袖自居 / 209

（四）余论 / 222

参考文献 / 225

前　言

20世纪20—30年代，是近代中国社会发生深刻变动的重要转折时期。新文化运动的发生促进了中西文化的冲撞与融合，同时也促进了国人的思想解放；而以五四运动为标志，中国民族运动的迅速高涨，尤其是国共合作掀起国民大革命的洪波巨澜，更是意味着时代风云正由聚焦个性解放与思想文化斗争，转向了追求群体解放与社会革命的阶段。耐人寻味的是，此期也恰恰是近代知识阶级形成并最终取代传统士大夫阶级登上历史舞台的重要时期。以知识界为集中代表，新生的知识阶级登高一呼，领导了新文化运动，有力彰显了自己乃居身社会中心地位、举足轻重的社会力量。其后在五卅运动与三一八运动中，知识阶级依然发挥了重要的作用，不仅表明其投身国民大革命浪潮，赋有革命性，而且它以社会精神领袖自许的独特个性也愈益显现。作者在他处曾这样说："这远非科学客观的角色定位，一方面固然反映了知识阶级可贵的社会责任感与使命感；但是，另一方面却也彰显了自己源于阶级属性的个性与浪漫主义的情怀。此双重性格，不仅预示了近代知识阶级蕴含内在的张力，此种张力在助益国共领导的国民大革命的同时，也为其自身增添了丰富性，而且还决定了在此后的整个近代史上，知识阶级的得失毁誉和最终的归宿。当然，也唯其如此，聚焦于20世纪20—30年代的知识阶级研究，将助益于进一步理解与把握其后这代知识阶级的发展，是不言而喻的。"本书收录的三篇专题研究文章，是作者透过其时的中国知识界，探讨近代知识阶级的部分成果结集，祈盼求正于读者。

一、"五四"前后外国名哲来华讲学与中国思想界的变动

1919—1924年,在新文化运动发展的重要阶段,先后有5位国际著名学者应邀来华讲学:杜威、罗素、孟禄、杜里舒和泰戈尔。他们来自美、英、德、印4个国家。每人讲学时间不等,长者两年多,短则数月。主办者为此进行了精心的组织与宣传:每位开讲之前,都安排中国学者介绍其学说梗概,预为铺垫;组织大江南北巡回演讲,配以高手翻译,场场爆满;媒体全程报道,许多报刊都辟有专栏与专号;讲演中译稿不仅全文刊发,且迅速结集出版,广为热销。因之,讲学一时风行海内,盛况空前。负责接待的张君劢曾兴奋地写道:"杜威来而去矣,罗素来而去矣,杜里舒之来亦不远矣。一美人也,一英人也,今又继之以德人。

吾思想界之周谘博访,殆鲜有如今日之盛者也。"[1] 在长达6年的时间里,每年都有一位享誉世界的著名学者在华讲学,每年都在学界与思想界形成了一个热点;每位学者的影响自有不同,但作为整体,却构成了欧战后西学东渐的文化壮举,成为新文化运动中一个影响深远的重要历史景观。

新文化运动既是近代中国历史发展的产物,同时,也是受欧战前后西方现代思潮变动影响的结果。名哲讲学不仅在其时中国的语境下,传达了西方现代思潮变动的信息,而且更重要的是,他们积极热情地回应充满新知渴望的中国思想界,故其讲学实际上已超越了单纯学术交流的层面,而形成了与后者的互动。由于国人见智见仁,各取所需,名哲讲学在助益思想深化的同时,也促进了中国思想界的分化与演进,终至为其归趋服膺马克思主义和"以俄为师",打上了自己的印记。明白了这一点,便不难理解,何以围绕他们讲学,中国思想界会波澜迭起,乃至于引发了诸如关于社会主义的争论和"科玄之争"这样轰动一时的思

---

[1] 张君劢:《德国哲学家杜里舒氏东来之报告及其学说大略》,《改造》第4卷第6号,1922年1月15日。

一、"五四"前后外国名哲来华讲学与中国思想界的变动

想论战。无论自觉与否,名哲讲学不仅开拓了国人的视野,而且事实上也是参与了新文化运动,并构成了后者的有机组成部分。也唯其如此,研究名哲讲学是研究新文化运动的重要方面。

学界对于名哲讲学虽然已有许多相关的研究,但多属个案。本文拟将名哲讲学视为整体的历史现象,做综合的研究,通过探究其与中国思想界变动间的联系,从一新的视角,透视此期新文化运动分化与演进的内在逻辑。

(一)中国进步思想界的共同客人

"五四"前后,名哲联袂应邀来华讲学,得益于新文化运动营造的追求新知和开放的良好社会氛围。蔡元培说:"我们有一部分人,能知道这种学者的光临,比什么鼎鼎大名的政治家、军事家重要的几十百倍,也肯用一个月费二千镑以上的代表(价)去欢迎他。"[1] 这在有识之士中,已为共识。但究其缘起,又无一不

---

[1] 高平叔编《蔡元培年谱长编》中,人民教育出版社,1996年,第606页。

是出于社会各团体的联合推动，共襄盛举。所以，他们是其时中国进步思想界的共同客人。不过，此举毕竟又与梁启超和由他牵头发起的讲学社关系最为密切。聘请杜威的团体，包括北京大学、尚志学会、中国公学、新学会、浙江与江苏两省教育会及南北高师等多个单位。其中，尚志学会、中国公学、新学会的负责人都是梁启超。后杜威续聘一年，更转由讲学社出面。孟禄虽然是由"中国实际教育调查社"出面聘请，但是梁启超也是其中重要的参与者。至于罗素等其他三位，更径直皆由讲学社聘请。所以，从总体上看，可以说，此期名哲来华讲学的盛举，主要是由讲学社主持的。

有一种观点认为：邀请罗素讲学的"总负责人"，不是陈独秀、李大钊、鲁迅，也不是蔡元培、胡适，"而是发表了悲凉的《欧游心影录》从而有'守旧复古'之嫌"，且为研究系首领的梁启超，难免"有点令人沮丧"。虽然不能将罗素"视为中国政治上反动或学术保守的一党一派的客人"，但由梁启超出面邀请接待，终究"带来了消极的影响，至少，这样一种安排阻止了罗素和陈独秀、李大钊等中国最激进的政治、学术

一、"五四"前后外国名哲来华讲学与中国思想界的变动

领袖的交往"[1]。这似是而非。实际上,欧游归来的梁启超,告别政坛,转入文化教育,同样成为新文化运动的健将。[2] 依陶菊隐的说法,此时的梁非但不是"悲凉""守旧复古",相反,抱"雄心壮志",想高举新文化大旗,"在中国大干一场"。他的理想是将"整理国学"与"灌输西方新思想及新科学"结合起来,推进中国新文化的发展。为此,他建立了三个机构:一是读书俱乐部,后与松坡图书馆合并,提倡研读新书;二是设立共学社,与商务印书馆合作,编译出版新文化丛书;三是发起讲学社,每年请国际驰名学者一位来华讲学。[3] 足见,发起成立讲学社,延名哲讲学,乃是梁积极推进新文化建设总体战略部署的一个有机组成部分。他在谈到讲学社宗旨时,也是这样强调的:"我们对于中国的文化运动,向来主张'绝对的无限制尽量输入'。""今日只要把种种的学说,无限制输入,听国人比较选择,将来自当可以得最良的结果。我们

---

[1] 冯崇义:《罗素与中国》,生活·读书·新知三联书店,1994年,第92、102页。

[2] 参见拙作《梁启超与新文化运动》,《近代史研究》2005年第5期。

[3] 陶菊隐:《蒋百里传》,中华书局,1985年,第51、52页。

个人做学问,固然应该各尊所信,不可苟同;至于讲学社,是一个介绍的机关……所以我们要大开门户,把现代有价值的学说都欢迎,都要输入。这就是我们讲学社的宗旨。"[1] 不应低估了梁启超,他给讲学社的定位,是引进新知的公共大平台,而非研究系党派之私的狭隘门户。

讲学社的缘起及其运作方式,进一步说明了这一点。聘请名哲讲学,不仅费用高昂,而且南北各地巡回讲演,组织工作繁重,需要众多人脉资源。二者决定了跨团体、跨区域,学界、思想界大家合作的必然性。杜威抵达后,哥伦比亚大学才通知胡适,同意杜休假一年,但不带薪。这意味着原定预算出现严重缺口。胡适一时措手不及,只好求救于教育总长范源濂,后者"极力主张用社会上私人的组织担任杜威的费用",并帮助邀请尚志学会、新学会等筹款加入,形成所谓"北京方面共认杜威"[2] 的模式,即社会团体联合承办。

---

[1] 梁启超:《讲学社欢迎罗素之盛会》,《晨报》1920年11月10日,第3版。

[2] 耿云志、欧阳哲生编《胡适书信集》上,北京大学出版社,1996年,第208、209页。

一、"五四"前后外国名哲来华讲学与中国思想界的变动

这对此后的延请,显然起了重要的启示作用。最初,梁启超仅考虑以中国公学的名义请罗素,或再加上尚志学会与新学会,以便分担费用。后徐新六与傅铜都给他提出了重要的建议。徐以为,"大学一部分人必邀其帮忙",这不仅在京有益,各省讲演,尤其需要借重教育界的人士。傅的意见更显开阔,他说:"聘请者之人数或团体数,多多益善,此亦一种国民外交也。学校固可,报馆亦可,即工商界之人物与团体如张四先生,如南洋兄弟烟草公司等亦可。昨与教育次长谈及,教育部亦可略为担任。宜急印一公启,分寄各处。"他把聘请外国名哲提高到了国民外交的高度,不无道理;同时,不仅将合作的范围进一步扩大到工商界,而且不拒绝官方参与。更重要的是,他还提议,筹款有余,可续聘他人;若有望增多,不妨立诸如"国外名哲聘请团"的名义,作长久计,年年延聘。这类似今天设立基金会的创意,又将民间社团合作承担的构想,大大推进了一步。梁启超很快就接受了他们的意见,最终与蔡元培、汪大燮共同发起成立讲学社。1920年9月5日,他致书张东荪说:"组织一永久团体,名为讲学社,定每年聘名哲一人来华讲演。"讲学社设

董事会,组成人员除三个发起人外,还包括范源濂、张謇、张元济及高师、清华、南开三校校长等各界名流多人。讲学社设于北京石达子庙欧美同学会内,由蒋百里任总干事。罗素成为讲学社聘请的第一位学者。需要指出的是,讲学社得以成立,梁启超做了大量组织协调工作。他与张东荪书说,为讲学社事,专门入京,"忽费半月"[1]。徐新六曾告诉他,胡适诸人对于聘请罗素事,意有不释,当有所沟通。1920年8月30日,胡适在日记中写道:"梁任公兄弟约,公园,议罗素事。"[2] 说明梁果然很快就主动去沟通了。其用心,可见一斑。

讲学社"规约"规定,"逐年延聘世界专门学者来华"[3],已隐含了选聘标准:其一,当是国际知名学者,先到的杜威,无形中成了参照。其二,既是"专门学者",自然不分文理。在欧洲的张君劢,致书祝贺讲学社成立,强调的正是这一点。他说:"吾以为凡哲学、

---

[1] 丁文江、赵丰田编《梁启超年谱长编》,上海人民出版社,1983年,第917—919页。

[2] 胡适:《胡适全集》第29卷,安徽教育出版社,2003年,第198页。

[3] 《时事新报》,1920年9月14日。

社会科学、自然科学,应访求其主持新说之巨子而罗致于东方,则一切陈言可以摧陷廓清而学问之进步将远在各国上矣。此则望于贵社诸公力图之也。"[1] 最终聘到的学者,侧重在哲学、教育与文学领域,但实际上,最初拟聘的名单中,除哲学家柏格森、倭铿外,还包括科学家爱因斯坦、美术家傅来义与华里士、经济学家霍白生。但因故皆未成行,尤其是与爱因斯坦失之交臂,成为一大遗憾。名哲人选最终由董事会确定,其讲学的具体接待与安排,自然由各团体通力合作。以翻译为例,杜威的翻译是胡适,罗素的翻译是赵元任与傅铜,杜里舒的翻译是张君劢,泰戈尔的翻译则是请徐志摩担任。

总之,讲学社是由梁启超牵头发起,这不影响它成为其时中国学界、思想界公认的延请国际名哲讲学的代表性机构。时在德国留学的"少年中国"负责人王光祈著文说:要争取邀请爱因斯坦来华讲学,"在我们'老大中国'中制造些'科学空气'。我希望讲学

---

[1] 张君劢:《张君劢致讲学社书》,《改造》第3卷第6号,1920年12月15日,第110页。

社的先生们特别注意！"[1] 固然是反映了这一点；而冯友兰晚年回忆说："在五四运动的时候，梁启超等人组织了一个尚志学会，约请了美国的实用主义哲学家杜威和英国的哲学家当时是新实在论者的罗素到中国讲学。"[2] 他将讲学社误记为尚志学会了，却是从另一个侧面，同样反映了这一点。新文化运动是广义的概念，不能定于一尊，视为几个人的专利，而将他人创始同样有意义的事，都认作"令人沮丧"的另类，而有所贬抑。所谓梁启超主持讲学事宜，阻止了罗素与陈独秀、李大钊间的学术与思想交往，也属臆断。事实上，梁启超曾主动提出请陈独秀参与协调南下迎罗素事，而后者也确实出席了上海七团体欢迎罗素的宴会。[3] 所谓"阻止"云云，于其时，既无必要，也不可能。陈、李与诸名哲直接交往不多，当有其他多种可能性，

---

[1] 王光祈：《王光祈旅德存稿》，《民国丛书》第5编（75），上海书店1989年据中华书局1936年版影印，第469页。

[2] 冯友兰：《三松堂全集》第1卷，蔡仲德编纂，河南人民出版社，2001年，第179页。

[3] 丁文江、赵丰田编《梁启超年谱长编》，上海人民出版社，1983年，第920页；《各团体欢迎罗素博士纪》，《申报》，1920年10月14日，第10版。

不应做过分解读。

由于其时中国思想界正处于激烈交锋的重要时期，不同政治派别与思想分野客观存在，人们对于名哲讲学见智见仁，甚至各取所需，缘此，出现思想分歧与争论，乃至于猜疑，是正常的现象。胡适曾提醒担任罗素翻译的赵元任，不要被梁启超的研究系"利用提高其声望，以达成其政治目标"[1]。泰戈尔的讲演更受到了部分人的抵制。至于缘此引发的关于社会主义的论战和"科玄之争"，更是人所周知。但是，这些并没有改变名哲乃中国思想界共同客人的事实。不仅如此，更重要的是，其展开的过程，彰显了名哲讲学与中国思想界变动间存在着深刻的内在联系，是不容忽视的。

（二）名哲讲学与"东方文化派"的崛起

"五四"前后名哲来华讲学，不啻在战后特定的时空下，为中西文化交通架起了一座新的桥梁。欧战

---

[1] 赵元任：《从家乡到美国——赵元任早年回忆》，学林出版社，1997年，第156页。

前后的东西方社会,都面临着各自"重新估定一切价值"的时代。当中国新文化运动兴起,奉西方近代文明为圭臬,猛烈批判固有文化之时,缘欧战创深痛巨的欧洲,正陷入自己深刻的社会文化危机。人们对此的反省,除马克思主义的社会革命论外,其另一重要取向,便是反省现代性。所谓现代性,是指自启蒙运动以来,以役使自然、追求效益为目标的系统化的理智运用过程。因之,许多人将问题归结为理性对人性的禁锢,以为启蒙运动以来,理性主义风行,造成了"机械的人生观",迷信科学万能,物质至上。人们失去了精神家园,物欲横流,尔虞我诈,终至酿成了大战巨祸。他们将目光转向人的内心世界,更强调人的情感、意志与信仰。反省现代性的非理性主义思潮的兴起,肇端于尼采。20世纪初,以柏格森、倭铿等人为代表的生命哲学,强调直觉、"生命创化"与"精神生活",风靡一时,是此一思潮趋向高涨的重要表征。[1]欧洲现代思潮的上述变动,反映了人们对于资本主义文明的反省,不仅深刻地影响了整个西方世界,而且

---

[1] 参见拙作《欧战前后国人的现代性反省》,《历史研究》2008年第1期,第82—106页。

一、"五四"前后外国名哲来华讲学与中国思想界的变动

也影响到了东方。唯其如此,杜威一行的讲学,也就不可能不将各自对现代思潮变动两大取向的解读带到中国,从而为后者思想界的变动注入了新的元素。[1]

毫无疑问,名哲作为中国进步思想界的嘉宾,其根本取向与主张科学与民主的新文化运动是完全一致的。杜威讲学的一个重点,就是美国的宪政与科学。他肯定"正是这场新文化运动,为中国的未来,奠定了一块最牢固的希望的基础"[2]。罗素则强调,在当今的世界,"理性和科学的态度",较之以往任何时候都显得更加重要。这是一种"怀疑的态度","人们对于什么事体都要问有什么理由"[3]。这与胡适在《新思潮的意义》中提出的旨趣,岂非如出一辙?倭铿当年所以向蔡元培等人举杜里舒自代,一个重要理由,就是

---

[1] 名哲中的泰戈尔虽非西方学者,但他作为诺贝尔文学奖获得者,欧战后曾游历欧洲,对东西方文明有独立的思考与评论,为世界所关注,故并不影响他发挥此种桥梁的作用。

[2] 微拉·施瓦支:《中国的启蒙运动——知识分子与五四遗产》,李英国等译,山西人民出版社,1989年,第10页。转引自刘克敏、程振伟《杜威实用主义哲学与20世纪中国文化》,《杭州师范大学学报》2010年第4期。

[3] 袁刚、孙家祥、任丙强编《中国到自由之路——罗素在华讲演集》(以下简作《罗素在华讲演集》),北京大学出版社,2004年,第253页。

杜里舒是著名生物学家,"故其哲学上有科学上之根据,或者于中国今日好求证于科学之趋向相合"。而后者也以为然。足见,杜里舒是被认定合乎新文化运动的需要,才入选的。孟禄说,"科学在中国确有重要的价值,打算救中国不在科学上注意,是无效的"[1],固不必论;就是引起争论的泰戈尔,何尝不是如此主张?(这在后文将进一步谈到。)但是,这些并不影响他们将反省现代性的取向,引到了中国。

名哲讲学以杜威与罗素的影响最大,因而他们于反省现代性思潮的引介也更易于传播。杜威在讲演中说,欧战的发生和"现在世界的变迁以及发生的种种危险,都是这实业大革命的结果,所以我们应从这一点上去研究,去救文化的危险"[2]。他所谓需要加以研究和补救的"文化的危险",显然是指18世纪以来伴随工业革命发生的西方近代资本主义文明的危机。虽然他并不赞成简单地将西方文明归结为物质文明,但

---

[1] 陈宝泉、陶知行、胡适编《孟禄的中国教育讨论》,中华书局,1923年第4版,第103页。

[2] 袁刚、孙家祥、任丙强编《民治主义与现代社会——杜威在华讲演集》(以下简作《杜威在华讲演集》),北京大学出版社,2004年,第151页。

一、"五四"前后外国名哲来华讲学与中国思想界的变动

他坦承西方文明有缺陷:"有人过于崇拜物质上的文明,把人事和科学分开,所以也有人利用物质的文明,造下种种罪恶。"将道德与科学全然分离,"这是西方文明最大的危险"。他提醒听众说,中国现在的情形,"有两大危险,不可不注意":一是有人"想抵拒物质文明",以保有旧社会的思想习惯,这是不可能的;二是有人"妄想有了物质文明就全够了,把人生问题丢开",令物质文明与人生行为相脱节,这就是西方文明已经发生的危险现象。杜威在课后曾提出了下面的一个问题,让大家回去思考:"怎样能够在教育上寻出一种方法,使我们可以利用西方的科学教育和物质文明,来增加人民的幸福,同时又能避免极端物质文明的流弊呢?"[1]这里所提示的,正是反省现代性的主题。需指出的是,杜威的一个重点讲题是《现代的三个哲学家》,分别介绍了詹姆士、柏格森与罗素的思想。他对柏格森的生命哲学有很高的评价,不仅强调他与其他二人的思想"是代表我们时代的精神",而且强调他的"生命的奋进"说与直觉理论,十分精彩。杜威

---

[1] 《杜威在华讲演集》,第675页。

说:"柏格森的直觉,就是对于自己创造的将来有一种新的感觉。这个感觉,绝不是推理计算可以得到,而在我们有一种信仰,往前奋进。这是柏格森的贡献。"[1] 国人对柏格森原来并不熟悉,经此讲演,柏格森及其生命哲学在中国的影响迅速扩大了。所以,有人甚至这样说:"到杜威博士讲演现代三大哲学家的思想,于时柏格森的思想才介绍到中国。"[2]

如果说,杜威的讲学还仅是涉及反省现代性,那么,罗素则是形成了自己系统的观点。罗素在欧战中,是著名的反战主义者,并因之入狱。他在自传中说,战争改变了自己的一切,尤其是改变了自己"整个的人性观"。战争的残酷,使他"获得一种新的对有生命的东西的爱"[3]。他开始从纯粹的哲学越入社会哲学领域。罗素提出一个重要的命题:何为"合理的人生",或怎样可以得到"生命的乐趣"?他说:"所有人生的现象本来是欣喜的,不是愁苦的;只有妨碍幸福的原因存在时,生命方始失去他本有的活泼的韵节。

---

[1]《杜威在华讲演集》,第265页。
[2] 乔峰:《生机主义》,《东方杂志》第20卷第8号,1923年4月25日。
[3] 罗素:《罗素自传》第二卷,陈启伟译,商务印书馆,2003年,第35页。

一、"五四"前后外国名哲来华讲学与中国思想界的变动

小猫追赶她自己的尾巴,鹊之噪,水之流,松鼠与野兔在青草中征逐;自然界与生物界只是一个整个的欢喜,人类亦不是例外……人生种种苦痛的原因,是人为的,不是天然的;可移去的,不是生根的;痛苦是不自然的现象。只要彰明的与潜伏的原始本能,能有相当的满足与调和,生活便不至于发生变态。"[1] 合理的人生与生命的乐趣,只在于人的本能的发舒与满足。它应有几种元素:自然的幸福、友谊的情感、爱美与创作的奖励、纯粹的知识即科学的追求。然而,这一切都与机械主义不相容。以追求"成功""竞争""捷效"为目标的现代社会,把人当成了机器,严重扭曲了人性,制造了人生的悲哀。罗素说:"近五百年来欧洲在我们所谓'文明'的方面进步的可以算空前所没有,但同时一步一步的所有的信仰都渐渐地消散了。"正是此种文明引发了欧战,如今不仅战败国,所有的欧洲人,都"失了一种值得生活的意味","人心里不觉有什么幸福的味,只觉得万事皆空似的"[2]。罗素反

---

[1] 徐志摩:《罗素又来说话了》,载韩石山编《徐志摩全集》第一卷,天津人民出版社,2005年,第367、368页。

[2] 《罗素在华讲演集》,第288、289页。

省现代性的观点是鲜明而系统的，但这尚非其精彩处；他进而提出著名的人性"冲动"说，并与社会改造的原理相联系，更充分展现了自己的一家之言。罗素指出，人类一切活动，最终皆源于人性的"冲动"，"冲动本来是盲目的，并不预想什么结果，并不是由先见预算而起的"。"冲动"的力量远大于"欲望"，故以前相信"理智万能"是错的。[1]"凡人天性，有两种冲动：（一）创造的；（二）占有的。无论何国政治，皆从此二种冲动而生。"所以，社会改造的根本原理就在于："增加创造的冲动，而减少占有的冲动。"[2]需要注意的是，罗素作为新实证主义代表人物，重理性而不以直觉为然，但是，在实用哲学上却恰相反，强调人性的本能"冲动"，与柏格森讲"生命的冲动"，异曲同工。也正因为这样，较之杜威一般性介绍柏格森，罗素讲学更能在实质上张大生命哲学和反省现代性思潮在中国的影响。余家菊说，罗素"从心理上去寻出改造社会的根据是他的一个很重要的方法。我以为这种方法对于

---

[1] 高一涵：《罗素的社会哲学》，《新青年》第7卷第5号，1920年4月1日。
[2] 罗素：《社会改造原理》，载《罗素在华讲演集》，第3页。

一、"五四"前后外国名哲来华讲学与中国思想界的变动

好逞空谈的国民是一个很好的教育"[1]。蔡元培的评价更高,以为罗素的"冲动"说,"很引起一种高尚的观念,可与克鲁巴金的'互助'主义,有同等价值"[2]。

杜里舒在五位名哲中是唯一作为欧洲生命哲学的大家受聘的。他是哲学家,又是生物学家。他以自己著名的海胆细胞实验成功地证明了生物的每一个细胞都可达成一个全体,从而动摇了单纯以理化原理解释生命现象的机械论。杜里舒强调"生命自主",提出了生机论。他对中国听众说:欧战的根源,端在机械的人生观,而此种"伦理上之物质主义,即由理论上之物质主义而来"。"所以抗此思潮而收伦理之效者,莫妙于生机主义。""凡事之关于物质者,皆不足重轻,足重轻者,必非物质。此则生机主义之精神"[3]。以科学证入哲学,生机论成为生命哲学重要的理论依据。生物学家秉志在《杜里舒生机哲学论》中说:"杜氏提生命自主之说,以生命自系一物,以哲学方法研究之,

---

[1] 余家菊:《译者的短语》,《晨报》1920年10月1日,第7版。

[2] 蔡元培:《五十年来中国之哲学》,载高平叔编《蔡元培全集》第四卷,中华书局,1984年,第365页。

[3] 杜里舒:《生机主义与教育》,张君劢译,《新教育》第5卷第5号,1922年12月,第1027页。

其言虽有所偏，而于将来生物学之革旧谋新，势必生最大影响。"[1] 这是科学家的持平之论。一般反省现代性思潮的读者，自然更兴奋不已。邹虚真说："生命哲学上之有杜里舒，不啻几何学上之有证明也。"杜氏所谓"生命自主"与柏格森的"生命创造"实同，不过后者从直觉悟得，前者则从实验证出。杜氏学说，由科学上升哲学，复将哲学用于人生。"真秩序极了！精严极了！学始乎至微至细之细胞，而推至广之宇宙，可谓以科学之锁钥开哲学之门矣！"[2] 菊农更进了一步，强调生机论对于人生具有巨大的激励价值。他写道："生机主义确证得每一细胞均可发达成一全体，所以每一个体在宇宙中，每个人在社会里，都可以对于全体有贡献，并且是个人的责任，况且都有平等的可能。自由意志是可能的，细胞的发展原不是机械的动因，大家都应当对于全体努力。你看发达至四细胞期之四分之三之细胞，与从细胞切下之一堆小细胞，均

---

[1] 秉志:《杜里舒生机哲学论》,《东方杂志》第20卷第8号,1923年4月25日,第93页。
[2] 邹虚真:《现代西洋哲学之概观》,《新时代》第1卷第1期,1923年4月,第18页。

一、"五四"前后外国名哲来华讲学与中国思想界的变动

努力发展成一全体,宇宙间的事固然应当大家担当。但一部分不能动作时,余一部分便应当担当起来,是可能的。不但如此,杜氏更寻出许多全体性的符号来,我们知道'超人格'不是幻想,是事实。超人格既存在,便应当努力。大而言之,宇宙为一超人格,人类为一超人格;小而言之,国家亦是一超人格。如此为全体奋斗,不是没有意义的了。且并不是不可能的了。"[1] 其言不仅反映了杜氏讲学的魅力,同时也反映了反省现代性思潮的内在合理性,契合了国人追求积极奋进的时代精神。

孟禄与泰戈尔讲学时间最短,但也不忘提醒听众反省现代性的必要。例如,孟禄说:工业发展不可避免,但"同时也有一种危险发生,即物质主义发达,自私自利的现象在所难免,流弊甚多。中国对此问题,应当思预防,以便得欧美诸国所得的利,而不受其所受的害"[2]。泰戈尔是著名的西方文化批评者,他认为,

---

[1] 菊农:《杜里舒与现代精神》,《东方杂志》第20卷第8号,1923年4月25日,第112页。
[2] 孟禄:《影响教育问题之新势力》,王仲达译,《新教育》第4卷第4号,1922年4月,第590页。

健全的文明当是物质文明与精神文明并重,且是前者植根于后者的文明;但是,西方热衷于对外侵略扩张和掠夺,终至引发了欧战惨剧,究其根源,正在于精神主义的缺失。[1]泰戈尔作为东方人,其反省现代性,自然别有一番魅力。不仅如此,作为大诗人,他以浪漫主义的情怀,倡言敬畏生命与对人类的爱,这又恰恰为柏格森生命哲学在中国,尤其在一些青年人中的传播,酿造了诗情画意。《晨报》开辟有"太戈尔研究"专栏,刊有文学研究会的瞿世英与郑振铎间的通信,其中瞿世英写道:"太戈尔的思想,只是两个字——爱与变。其根本重要之点即在其注重生命。""柏格森的哲学很有些像他,我以为他们不过是用两种说法说一件事而已。"泰氏在《春之循环》中说,"世界上全是改变,全是生命,全是运动";"改变是我们的秘密";"旧的永久是新的";又说"这就是生命"。"这几句话若接连起来,便可以说是他的哲学思想——你看他像不像柏格森说的话?"他最后说,先受泰氏的影响,后读柏格森的著作,"与吾前说相佐证,乃大信柏格森的

---

[1] 泰戈尔:《印度泰戈尔之物质文明与精神文明论》,枕江译,《解放与改造》第2卷第10期,1920年4月27日,第37页。

哲学"[1]。瞿世英的感受,特别在文学青年中有相当的代表性。

受西方现代思潮变动的影响,"五四"前后的中国也兴起了反省现代性的思潮,梁启超的《欧游心影录》与梁漱溟的《东西文化及其哲学》的出版与风行,是其趋于高涨的重要标志。[2] 这在时间段上,正与名哲讲学相重叠,不难想见,后者起了进一步推动的作用。但这不仅是指名哲讲学助益反省现代性思潮声势的壮大,更主要是指,他们的讲学为以梁启超、梁漱溟为代表的倡导此一思潮的所谓"东方文化派",提供了重要的立论依据。这包含有两个层面:

其一,名哲的言说,启发或助益了他们重要理论观点的酝酿与形成。这可以梁启超与梁漱溟为例。

1920年11月,梁启超在欢迎罗素的会上致辞时,曾强调说:战后的世界人类所要求的是,"生活的理想化,理想的生活化。罗素先生的学说,最能满足这个

---

[1] 《晨报》1921年2月27日,第7版;2月28日,第5版;4月1日,第2版。
[2] 参见拙作《欧战前后国人的现代性反省》,《历史研究》2008年第1期。

要求"。"我们因为一种高尚的目的来生活,这生活才有价值。所以我们要的是理想的生活。"现在各国学者都在向这个方向进行,"然而最有成绩的,只怕要推罗素先生第一了"[1]。他所谓的"理想的生活",就是罗素所讲的"合理的人生"。值得注意的是,梁启超不仅提出了这个目标,而且其心中也开始酝酿确立了一个课题:从中国文化的视角看,何为"理想的生活"或叫"合理的人生"? 1922年年底,他完成了晚年重要的著作《先秦政治思想史》,该书的另一名称则为《中国圣哲之人生观及其政治哲学》。梁启超在书中说:"吾侪今日所当有事者,在'如何而能应用吾先哲最优美之人生观使实现于今日'。"换言之,就是要探讨,"在现代科学昌明的物质状态之下,如何而能应用儒家之'均安主义'",以建立"仁的社会",从而避免百余年来欧美社会的覆辙,"不至以物质生活问题之纠纷,妨害精神生活向上";不因社会的发展,而致机械主义,最终保障"个性中心"的实现,即体现人性的充分发舒与生命的自然乐趣。他认为,西方现代文明所

---

[1] 梁启超:《讲学社欢迎罗素之盛会》,《晨报》1920年11月10日,第3版。

一、"五四"前后外国名哲来华讲学与中国思想界的变动

以陷入危机,就在于无法破解两大难题:"其一,精神生活与物质生活之调和问题";"其二,个性与社会性之调和问题";而儒家"仁的社会",恰恰是调和二者,"于人生最为合理"的社会。他相信,自己提出的思想将有助于"拔现代人生之黑暗痛苦以致诸高明"[1]。梁启超的观点是否正确,可不置论,重要在于,他的立意是通过研究儒家学说,回答在中国文化的视野下,如何建立"合理的社会"与"合理的人生",以助益全人类。这与他在欢迎罗素会上致辞所提出的问题,显然存在因果关系。也就是说,罗素的讲学进一步启发了梁启超的"问题意识"。他在此书的序中还提到,在南京著此书时,有机会听欧阳竟无讲佛学,又值杜里舒在这里讲学,张君劢任翻译,故得以与君劢同居,"日夕上下其议论"。他说:"兹二事者,皆足以牖吾之灵而坚其所以自信。还治所学,而乃益感叹吾先圣之教之所以极高明而道中庸者,其气象为不可及也……(此书)倘足以药现代时弊于万一,则启超所以报先哲之

---

[1] 梁启超:《饮冰室合集·专集》(50),中华书局,1989年,第182、183、184页。

恩我也已。"[1]我们说,杜里舒的讲学间接地也影响到了梁启超此书的写作,当非臆断。耐人寻味的是,罗素归国后曾参与策划出版"世界哲学丛书",他最终推荐梁启超为"中国卷"撰稿人,而后者提交的著作正是他的《先秦政治思想史》。

梁漱溟较之梁启超更具典型性。1921年,他出版《东西文化及其哲学》一书,提出了著名的世界文化发展"三种路向"说,令其名满天下。冯友兰说:"梁先生的学说,在现在中国是一广有系统的有大势力的人生哲学。"[2]"三个路向"说的逻辑起点,是要证明代表第一路向的西方文化,已走到尽头,正现实性地转入中国文化所代表的第二路向,即"走孔子的路"。在梁漱溟看来,名哲讲学及其思想取向,恰恰为自己的上述观点提供了充分的佐证。他写道:罗素强调人类一切活动源于本能"冲动",而非"欲望",这代表了许多西方人的认识,说明"西方人眼光从有意识一面转移到另一面","于是西方人两眼睛的视线渐渐乃与孔

---

[1] 梁启超:《饮冰室合集·专集》(50),中华书局,1989年,第1页。
[2] 冯友兰:《一种人生观——冯友兰的人生哲学》,中国人民大学出版社,2005年,第34页。

一、"五四"前后外国名哲来华讲学与中国思想界的变动

子两眼视线所集相接近到一处"。其实,"像尼采、詹姆士、杜威、柏格森、倭铿、泰戈尔等人大致都是这样"。今日西洋哲学都已渐归人事,罗素也由纯哲学转向人事哲学,其"眼光见解也很同生命派意思相合"。说到底,罗素的旨趣只在"自由生长"一句,"而孔家要旨也只在不碍生机。孔家所以值得特别看重,越过东西一切百家的,只为唯他圆满了生活,恰好了生活,而其余任何一家都不免或多或少窒碍、斫戕、颓败、搅乱了生活。那么,怎样不要伤害生机自然是根本必要的;罗素于此总算很能有见于往者孔子着眼所在而抱同样的用心,所差的孔子留意乎问题于未形,而罗素则为感着痛苦乃始呼求罢了……所以罗素之要改造社会很富于哲学的意趣,是要求改辟较合理的一条人生的路"[1]。换言之,罗素所追求的所谓"合理的人生",早已为孔子所指明了。1972年,梁漱溟的《中国——理性之国》一书出版,为此他专门写了《旁观者清:记英国哲人罗素五十年前预见到我国的光明前途》,作

---

[1] 梁漱溟:《东西文化及其哲学》,载中国文化书院学术委员会编《梁漱溟全集》第1卷,山东人民出版社,2005年第2版,第498、503、507、508页。

为本书的代序。文中集录了罗素于1922年出版的《中国问题》一书的主要观点。他强调，当年罗素对于中国文化的许多见解，被历史证明是多么富有远见卓识。[1] 足见，罗素对他影响之深远。

梁漱溟也重视印度大诗人泰戈尔，因为他恰好也代表了一大"路向"。他说：泰戈尔在西方极受欢迎，其妙处在于拿直觉的语言表达诗情，而不形之于理智的文字，故不必讲哲学，只是作诗，却感人至深。"这样，人都从直觉上受了他的感动，将直觉提了上来，理智沉了下去。""他唯一无二的只是个'爱'；这自然恰好是西洋人的对症药。西洋人的病苦原在生机斫丧的太不堪，而'爱'是引逗出生机的培养生机的圣药。西洋人的宇宙和人生断裂隔阂，矛盾冲突，无情无趣，疲殆垂绝，他实在有把他融合昭苏的力量。"泰戈尔的思想大约是受西方生命哲学的影响，印度人原非如此，但这也并非西方人所原有的。"虽其形迹上与中国哲学无关联，然而我们却要说他是属于中国的，是隶属于孔家路子之下的。"[2] 梁漱溟的征引多属牵强，无须

---

[1]《梁漱溟全集》第4卷。
[2]《梁漱溟全集》第1卷，第513页。

讳言，但名哲的讲学及思想，助成其理论构建，却是应当看到的。

其二，名哲讲学由反省现代性引出的中西文化观及其对于中国新文化发展的建议，多与梁启超等"东方文化派"的诉求相通，甚至不谋而合，无形中提升了后者的影响力。

在中西文化问题上，诸名哲的具体主张容有不同，但有一点却是共同的：他们都肯定西方文化存在弊端，而中国文化有自己的优长，故中国不应简单模仿西方，要有所选择，并在融合中西的过程中，发展新文化，为世界文化发展做出自己的贡献。杜威说："中国有数千年之旧文化，今又输入欧美之新文化。二者亟待调和，以适应于人之新环境。"[1]"我希望中国不单去输入模仿，要去创造。对于文化的危险，有所救济；对于西洋社会的缺点，有所补裨；对于世界的文化，有所贡献。"[2] 杜威自然是支持新文化运动的，但也直言不讳地批评了新派人物不免存在一味趋新、感

---

[1] 《杜威在北大师生欢迎蔡元培校长回校大会上致词》，《北京大学日刊》，1919年9月22日。

[2] 杜威：《学问的新问题》，载《杜威在华讲演集》，第153页。

情用事和走极端的非理性倾向。他强调,"旧未必全非,新未必全是,东西文化,互有长短",只有善于"调和融会",才能创造出新文化。[1] 罗素也说:"欧洲文化的坏处,已经被欧洲大战显示得明明白白……所以决计不是一味效法西方,中国人才能为他的国家或世界谋幸福。"他尤其对于中国人民复兴民族与文化,深抱厚望:"不特中国,即是世界的再兴,也要依靠你们的成功。"[2] 孟禄更提醒中国的教育家,"应该把中国文化的要点——不是细节——保存;再吸收西洋文化的要点——不是细节——中国的文化,应该化合西洋文化;不应该把西洋文化去代替他。这种化合应该因势利导,不应强行"[3]。从杜亚泉到梁启超、梁漱溟,"东方文化派"的基本诉求是:欧战既已暴露了西方文明的弱点,国人当重新审视中西文化,在学习西方的同时,谋独立发展民族的新文化。其时,关于新旧、中西文化"调和"或"化合"说,不胫而走,正反映了这一点。尽管

---

[1] 杜威:《习惯与思想》,载《杜威在华讲演集》,第550页。
[2] 罗素:《中国到自由之路》,载《罗素在华讲演集》,第301页。
[3] 庄泽宣:《介绍门罗博士》,《新教育》第4卷第1号,1920年5月,第101页。

一、"五四"前后外国名哲来华讲学与中国思想界的变动

其具体论述仍不免于误区,但根本的诉求与名哲的共识,实不谋而合。胡适诸人简单指斥梁启超的所谓"科学万能论"破产和西方学人主张求益于东方,都无非是惑众的"谣言",或西方几个反动哲学家的牢骚而已,甚至讥讽所谓"东方文化"根本不成概念。现在包括胡适的老师杜威在内,名哲来华现身说法,显然令他们陷入了尴尬;而与此相反,名哲讲学却有助于提升后者的影响力。时正忙于著述《三民主义》的孙中山,也不忘特别提到罗素:"外国人对于中国的印象,除非是在中国住过了二三十年的外国人,或者是极大的哲学家像罗素那一样的人有很大的眼光,一到中国,便可以看出中国的文化超过于欧美,才赞美中国。"[1] 枢乾 1922 年 6 月翻译罗素的《中国文化与西方》一文,刊于《学灯》。他在按语中说:"我之所以译为中文者,就是把罗素先生的批评当作我们的镜子。照着这面镜子,我们可以看见自身更明白一点。东西文化各有特长,万不可弃我之所长而并取他人之所短。我们的新文化运动是要产生一种新文化,并不是把我国变作欧

---

[1] 孙中山:《孙中山选集》,人民出版社,1981 年第 2 版,第 685 页。

洲，一意醉心欧化者，观罗素此论，当可猛醒。"[1] 这更是径直从中引出了对于新文化运动的反省。至于冯友兰于1923年发出这样的感叹，"我觉得近来国内浪漫派的空气太盛了，一般人把人性看得太善了。这种'天之理想化与损道'的哲学，我以为也有他的偏见及危险"[2]，则是反映了反省现代性思潮的空前高涨。

也因是之故，陈独秀、胡适诸人对名哲反省现代性的言论，颇感不悦。罗素的第一场讲演便引起了争论。1920年10月14日晚，罗素在上海七团体欢迎会上有简短致辞，其中说："顾百年以来，所以支配欧洲之基本思想，实未尽善，其中多有违反良知、倾向破坏、奖励贪得掠夺者。诚使鄙人为中国人，必不愿移植此种不纯正之欧洲基本思想于中国，以蹈欧洲覆辙。中国固有之文明，如文学美术，皆有可观，且有整理保存之价值与必要。"[3] 第二天，《申报》报道说，罗素致辞提倡"保存国粹"。17日，《晨报》刊出罗素15日

---

[1] 《学灯》第4卷第5册，1922年6月3日，第3版。

[2] 冯友兰：《一种人生观——冯友兰的人生哲学》，人民出版社，2005年，第34页。

[3] 《晨报》1920年10月16日，第3版。

一、"五四"前后外国名哲来华讲学与中国思想界的变动

在中国公学作题为《社会改造原理》的首场讲演,其中引用了老子的话:"生而不有,为而不恃,长而不宰。"陈独秀终于忍不住了,于19日即发表《罗素与国粹》一文,提醒罗素:"中国的坏处多于好处,中国人有自大的性质,是称赞不得的。"[1] 双方打起了笔战。陈独秀好友、罗素的崇拜者张崧年赶紧致书《时事新报》,澄清事实,强调《申报》记者对于罗素夜宴致辞的翻译,大违原意。[2] 此事,终究是陈独秀过于敏感,说明心理上存在某种紧张。由此,便不难理解,何以名哲讲学期间,关于中西文化问题的争论会盛极一时;而1923年著名的"科玄之争",说到底,就是强调现代性与反省现代性之争,杜威、罗素、杜里舒诸人,也恰恰都被牵涉其中,成了双方各取所需的征引对象,罗素甚至还被吴稚晖讥为耍滑头的骗子。[3]

值得注意的是,所谓"东方文化派"一词,最早

---

[1]《晨报》1920年10月19日第7版,同时刊登了对立的两文,即陈独秀的是文与F.L的《改造社会与保存国粹》。

[2] 参见皓明《国人对于罗素的误解》,《晨报》1920年10月20日,第7版。

[3] 吴稚晖:《一个新信仰的宇宙观及人生观》,载张君劢等《科学与人生观》,黄山书社,2008年,第328页。

正是在1923年反省现代性思潮高涨之际，由邓中夏首先提出的。他说："这一股新兴的反动派，我们替他取一个名字，叫做'东方文化派'。这一派巨子，就是梁启超、梁漱溟和章行严等。"[1] 倡言反省现代性的梁启超等人，被指认是"一股新兴"的文化派别，这是对的；但斥之为"反动派"并贬称"东方文化派"，却是表相的观察。周策纵说："到了'五四'末期，以及以后，特别是1921年以后，一些学者以对东西文化以及一些西方哲学理论的研究为基础，形成了一个真正的反对派。"[2] 这个观察才是深刻的。他所说的"真正的反对派"，显然就是指梁启超诸人。后者所以能成为"真正的反对派"，归根结底，不在于他们强调东方文化的固有价值，而在于他们"以对东西文化以及一些西方哲学理论的研究为基础"，站立在了西方现代思潮变动中的一个新的思想支点——反省现代性上，因而在推进新文化运动的发展中，拥有了自己的历史合理性。"真正的反对派"，不是守旧派，而是异

---

[1] 邓中夏：《中国现在的思想界》，《中国青年》第6期，1923年11月24日。
[2] 周策纵：《五四运动史》，陈永明等译，岳麓书社，1999年，第458页。

军突起,新文化运动因之增添了新的思想活力。[1]

"五四"前后的名哲讲学,对其时中国反省现代性思潮的崛起起了进一步推动的作用,并为梁启超等人的理论观点的形成与文化诉求提供了立论的依据,无疑同样也有力地促进了"真正的反对派"即所谓"东方文化派"的形成,进而为新文化运动的发展和中国思想界思维空间的拓展,增加了内在的张力。

(三)名哲讲学与国人的"以俄为师"

经五四运动的洗礼,新文化运动的发展超越了原有单纯的文化范畴,也不再限于少数知识分子的范围,而具有了广泛的社会参与,成为了社会改造运动。"新文化、新道德"的原有诉求,很快便为日渐高涨的直接要求改造社会的声浪所取代:"社会改造之声浪,在今新思潮中,已占全体十之七八。"[2]傅斯年敏锐地感受到了此种变动,他说:"五四运动过后,中国

---

[1] 参见拙作《新文化运动与反省现代性思潮》,《近代史研究》2009年第4期。
[2] 君左:《社会改造与新思潮》,《改造》第3卷第1号,1920年9月15日。

的社会趋向改变了","以后是社会改造运动的时代"[1]。杜威诸人所以到处受到热烈欢迎,一个重要原因,也在于国人对名哲的指导,深抱厚望。人们尤其是青年人,首先感兴趣的不是他们高深的哲学本身,而是他们对于改造中国社会的建议。一位青年写信给罗素说:"自从1919年以来,学生界似乎是中国未来的最大希望;因为他们已经准备迎接中国社会的一个革命的时代。""我胆敢代表大多数中国学生向您"提出要求,"因为我们大多数希望得到关于无政府主义、工团主义、社会主义等等的知识,一句话,我们亟欲求得关于社会革命哲学的知识",希望您能超越尚嫌保守的杜威,为大家提供这方面更多的知识。[2]1920年年底,罗素在致友人书中也提到,"(中国听众)他们不要技术哲学,他们要的是关于社会改造的实际建议"[3]。名哲的讲演,尤其是杜威与罗素,显然都注意到了这一点,

---

[1] 傅斯年:《新潮之回顾与前瞻》,岳玉玺等编选《傅斯年选集》,天津人民出版社,1996年,第64、65页。

[2] 罗素:《罗素自传》第二卷,陈启伟译,商务印书馆,2003年,第199、200页。

[3] 罗素:《罗素致柯莉》,1920年10月18日,罗素档案馆。转引自冯崇义《罗素与中国》,生活·读书·新知三联书店,1994年,第201页。

故大受欢迎。孟禄高度评价中国的学生运动,他说:"各国的学生,没有像中国学生在社会上占这样大的位置的。中国学生自五四学潮以来,对于政治方面社会方面,都是能有很大的贡献。"他甚至还鼓励学生进一步扩大影响,说:"学生运动,不单就外交方面,如对于腐败的内政,贪官污吏,更应有正当活动的机会,影响亦大。""现在中国的政府,真是腐败,但是费了许多力量,还不见得有什么效果,究有何用?所以诸位当彻底的想想,究竟怎样才能使现在的中国政府在效力上变做好政府。"[1]孟禄这些大胆的话,连平时不愿谈政治的胡适听了都备受鼓舞。他说:"孟禄先生说的话,是我们这群平常被人叫做过激派的人不敢说的话。我们袖着手,看着政治一天天腐败下去,不努一点力,却厚着脸皮去高谈外交。我们听了孟禄先生这样说,能不惭愧吗?……当今中国的青年对于国内政治的腐败,有什么改革的运动,我一定加入的!"[2]

---

[1] 陈宝泉、陶知行、胡适编《孟禄的中国教育讨论》,中华书局,1923年第4版,第94页。

[2] 《孟禄与中国教育界同人在中央公园饯别会之言论》,《新教育》第4卷第4期,1922年4月。

杜威与罗素讲学时间最长,涉及社会的结构与改造等更加广泛的议题,影响自然更非一般。例如,杜威关于学校即社会的思想,就成了人们倡导学生参加社会活动的重要理论依据。人俊说:"我的希望是学生参加社会活动",但现在学校教的是死书,不与生活发生联系。"杜威说学校即社会,中国的学校只是监狱、寺院",除教人技能以糊口外,不能让人明白个人与社会的关系。"此种教育是统治阶级妨碍民众觉悟崛起之麻醉剂。""我们现在没有推翻这种政府,我们自然不能希望改造今日的教育制度",但是,我们仍可以参加社会活动,"如办平民教育、组织工会、农会及其他团体、加入革命的政党、当新闻记者做宣传事件等——以求补学校与人生间之罅隙"[1]。至于罗素所谓基于人类"冲动"本能的"社会改造原理",更被许多人所津津乐道,自然同样是有力地提升了青年人关注社会与政治的热情。所以,多年后,蒋梦麟的回忆与评说是对的:"这两位西方的哲学家,对中国的文化运动各有贡献。杜威引导中国青年,根据个人和社会

---

[1]《1924年的三个希望》,《中国青年》第12期,1924年1月5日。

的需要，来研究教育和社会问题。""他的学说使学生对社会问题发生兴趣也是事实。这种情绪对后来的反军阀运动却有很大的贡献。""罗素则使青年人开始对社会进化的原理发生兴趣。研究这些进化的原理的结果，使青年人同时反对宗教和帝国主义。"[1]

不过，仅看到这一点还不够。需要指出的是，"新文化运动"一词是在1919年年底才出现的，其真正流行更晚到次年的下半年。[2] 所以，虽然"五四"后社会改造的呼声日高，却甚少有人注意到"文化运动"与"社会运动"（或叫"社会改造运动"），两者间的概念区分及其意义。一般人多不经意地将二者混同，故效春说，"新文化运动就是社会改造运动"[3]。戴季陶也断言："新文化运动是甚么？就是以科学的发达为基础的'世界的国家与社会的改造运动。'"[4] 所以，"五四"后新文化运动不仅发展为社会改造运动，而且最终归趋"以

---

[1] 蒋梦麟：《西潮》，辽宁教育出版社，1997年，第114页。
[2] 参见拙作《五四后关于"新文化运动"的讨论》，《北京师范大学学报》（社会科学版）2010年第4期，第5—21页。
[3] 效春：《文化运动的初步》，《时事新报》，1920年6月6日，第29版。
[4] 戴季陶：《从经济上观察中国的乱源》，《建设》第1卷第2号，1919年9月。

俄为师"的社会主义，首先就表现为以陈独秀为代表的激进的民主主义者，在认知层面上的理性追求的过程。名哲讲学与中国思想界的内在联系，其最值得关注的部分，也正在于与这一过程声气相通，不论其自觉与否，实助益了此一趋向。举其大者，主要有三：

其一，在观念层面上，助益人们由原先推动"文化运动"，自觉地转进到推动"社会运动"。这不妨以新文化运动的"总司令"陈独秀为例。

1919年6月，杜威做《美国之民治的发展》长篇讲演。他说，残酷的欧战使自己"深觉得世界上一切非民治的制度的大害。所以如果有人说我替民治主义鼓吹，我是承认的"。他结合美国的历史与现状，强调"民治主义"即民主主义虽然内容复杂，但其基本要素无非有四："政治的民治主义""民权的民治主义""社会的民治主义""生计的民治主义"。杜威以为，中国人常批评美国人追求金钱主义，是误解。当年欧洲人到新大陆去，不仅是为了自由，同时也是为了"找出新生计"。"他们开辟土地，各人去求理想的生活，这就是美国人理想中带些实行的特色。""这两个目的——理想的、生计的——合拢在一块，便造成美国人一种特性。"[1]杜威显然是强调,在现代美国社会的发展过程中,生计即经济发展的重要性。

陈独秀十分重视杜威的这次讲演,不久即在《新青年》第7卷第1号上发表长文《实行民治的基础》。他写道:"我敢说最进步的政治,必是把社会问题放在重要地位,别的都是闲文。因此我们所主张的民治,是照着杜威博士所举的四种原素,把政治和经济两方面的民治主义,当做达到我们目的——社会向上——的两大工具。"其中,又当注重社会经济,因为"社会经济不解决,政治上的大问题没有一件能解决的,社会经济简直是政治的基础"。同时,他又认为,杜威对于民治主义的解释,"还有点不彻底"。他说:"我们政治的民治主义的解释:是由人民直接议定宪法,用宪法法规定权限,用代表制照宪法的规定执行民意。换句话说,就是打破治者与被治者的阶级,人民自身同时是治者又是被治者。老实说:就是消极的不要被动的官治,积极的实行自动的人民自治。必须到了这

---

[1]《杜威在华讲演集》,第5、17页。

个地步,才算得真正民意。"[1] 其时的陈独秀尚未转向马克思主义,故在文中表示不愿意看到阶级斗争的发生,但他又无奈地指出,包括美国在内,资本的势力却在那里天天制造劳资对立与社会分裂的痛苦。很明显,陈独秀一方面是接受了杜威的影响,但同时又超越了后者。他虽肯定杜威提出的民治主义的四大要素,但并不完全认同现有的西方社会制度,而主张由人民直接行使民意。这预示着,在他的心中,正酝酿着对资本主义制度的否定。此其一。他充分注意到了杜威对"生计"的重视,但同时又将之置于更为开阔的视野下,进一步加以强调。他不仅用"社会经济"这一更加鲜明科学的概念替代"生计",而且强调政治与社会经济乃是改造社会最重要的两大工具,后者更构成了前者的基础,社会经济问题不解决,改造社会便是一句空话。此其二。周策纵曾指出,杜威的中国学生及中国自由主义者,没能重视杜威所强调的社会经济领域应用民治主义的问题,"他们对大众的影响力之日益薄弱,对这经济问题的忽略是个主要原因";而

---

[1] 陈独秀:《陈独秀文章选编》上,生活·读书·新知三联书店,1984年,第430、438页。

陈独秀却基本同意了杜威的观点。其见解自然是对的，但还需要进一步指出，尽管当时陈独秀尚未转向马克思主义，但上述的认知，却构成了他在思想观念上一种可贵的自觉。

陈独秀当年之所以发动新文化运动，是因为看到共和虽云成立，但思想层面仍黑幕层张，故民国徒具虚名。也因是之故，他相信"伦理的觉悟，为吾人最后觉悟之最后觉悟"[1]，即相信唯有靠思想文化才能解决中国的问题。《新青年》同人也因之相戒不谈政治。现在陈独秀既强调政治与社会经济才是改造社会最重要的两大工具，便意味着其原先的上述观点发生了改变，这也就为他由主张文化运动推进到主张政治经济变革的社会运动，在思想观念层面上开辟了先路。应当说，最早明确提出这个问题的是瞿秋白。1920年1月，他发表《社会运动的牺牲者》一文，指出："从文化运动，直到社会运动，中间一定要经过的就是一种群众运动。""五四"后的中国，正处在这种过渡时期。"凡一种群众运动之后，必定要有继续他的社会运动

---

[1] 陈独秀：《吾人最后之觉悟》，载《独秀文存》，安徽人民出版社，1987年，第41页。

才能显出他的效用。中国现在所需要的就是真正的社会运动。"[1] 他不仅提出了"文化运动"与"社会运动"两个不同的概念,而且强调只有从前者发展到后者,社会改造才能彰显其"效用"。这个识见是重要的。但遗憾的是,他没有进一步界定这两个概念及其相互关系,随后便赴俄考察去了。有趣的是,同年4月,陈独秀发表《新文化运动是什么?》一文,开宗明义就说:"'新文化运动'这个名词,现在我们社会里很流行。究竟新文化底内容是些什么,倘然不明白他的内容,会不会有因误解及缺点而发生流弊的危险,这都是我们赞成新文化运动的人应该注意的事呵!"实际运动已进行多年了,才开始讨论它的概念,这说明"新文化运动"确是新起的名词,人多不能了了。陈独秀在文中不仅指出了文化是相对于军事、政治、经济的概念,而且强调应该注意"新文化运动要影响到别的运动上面"[2],包括军事的、政治的与经济的,才有更

---

[1] 瞿秋白:《瞿秋白文集》,政治理论编,第一卷,人民出版社,1987年,第51、55页。
[2] 陈独秀:《陈独秀文章选编》上,生活·读书·新知三联书店,1984年,第512、516页。

大的价值。这不啻是在延续瞿秋白的思考。他强调文化运动"要影响到"政治经济等的运动，也就是预见到了文化运动发展到社会运动的必要性与必然性。所以，一年后，他又发表《文化运动与社会运动》，将问题进一步廓清了。他说："文化运动与社会运动本来是两件事，有许多人当做是一件事，还有几位顶刮刮的中国头等学者也是这样说，真是一件憾事！"他认为，从事文化运动或社会运动都有各自的价值，但必须明白，文化最终取决于政治经济，不是相反："文化是跟着他们发达而发生的，不能说政治、实业、交通就是文化。"要注意的是，在这里，他特别征引了罗素演讲《社会结构学》中的下面一段话，作为自己的立论依据：

什么叫做文明？其定义可以说是要求生存竞争上不必要的目的——生存竞争范围以外之目的。古代文明，第一次发原于埃及、巴比伦大河出口之处，地土膏腴，宜于农作，由农业发生文明……在膏腴的地方，如长江、黄河底下游，一人工作出来的不止供给一人底需要，于是少数人得闲暇，可以从事知识思想的生活，如文字、算术、天文等，均为后世文明底基本。但在这时候虽有少数人从事文明事业，其大多数人作工还非一天到晚劳苦不可，科学、哲学、美术固然也有人注意，但只是少数幸运的人。在实业发达时代，生产必需品既然增加，要多少就有多少，一人只要每天四小时作工，余剩的就可以从事知识思想的生活了。

陈独秀强调说，文化既是社会政治经济发展的产物，一些人"拿文化运动当做改良政治及社会底直接工具"，就是本末倒置了，这说明，"这班人不但不懂得文化运动和社会运动是两件事，并且不曾懂得文化是什么"[1]。这时的陈独秀正在积极组建中国共产党，即已由原先的新文化运动的"总司令"，转换角色，成为"社会运动的总司令"。他近乎现身说法的上述观点，固然已属唯物史观，但从中，我们除看到人们在思想观念层面上，自觉文化运动与社会运动两者间的概念区分及其意义，对于新文化运动后期的发展具有重要

---

[1] 陈独秀：《陈独秀文章选编》中，生活·读书·新知三联书店，1984年，第119、120页。

一、"五四"前后外国名哲来华讲学与中国思想界的变动

的先导作用外,显然也看到了杜威与罗素的讲学,对陈独秀诸人此种观念的演进,产生了怎样积极的影响。

其二,名哲讲学的反省现代性,为李大钊诸人皈依马克思主义提供了必要的思想铺垫。

日本学者丸山真男强调,研究思想史的发展,尤其要注意某种思想要素的多重价值及其多样的可能性。他说:"所谓注重思想创造过程中的多重价值,就是注目其思想发端时,或还未充分发展的初期阶段所包含的各种要素,注目其要素中还未充分显示的丰富的可能性。"[1]这是十分深刻的。反省现代性与马克思主义虽有质的区分,但二者既然都是批判资本主义的产物,彼此就有相通之处。在"五四"前后特定的语境下,西方反省现代性思潮对于中国的影响,更包含着"多重价值"与"丰富的可能性"。就名哲讲学而言,其反省现代性,就不仅产生了助益梁启超等人重新审视中西文化,进而促成了所谓"东方文化派"的兴起;更值得注意的是,同时还为新文化运动的领导者李大钊、陈独秀诸人转向服膺马克思主义提供了必要的思

---

[1] 丸山真男:《日本的思想》,区建英、刘岳兵译,生活·读书·新知三联书店,2009年,第96页。

想铺垫。在这方面,罗素关于人性中存在两种"冲动"的理论,其影响最具有典型性。

十月革命后,李大钊很快转向马克思主义,但在很长一个阶段里,他仍强调"心物""灵肉""物质与精神"的"调和"或叫"两面的改造""一致的改造",甚至主张"阶级竞争与互助"的统一。以往的论者多据此强调,这是李大钊在转向马克思主义的早期,思想上表现出的不彻底性。这种判断固然不错,却失之消极。实际上,李大钊是借助了反省现代性的思想铺垫,才登上马克思主义新的思想平台,它是积极的。其中,罗素思想的影响尤显重要。1919年9月,李大钊在《"少年中国"的"少年运动"》一文中写道:

> 我们"少年运动"的第一步,就是要作两种的文化运动:一个是精神改造的运动,一个是物质改造的运动。精神改造的运动,就是本着人道主义的精神,宣传"互助""博爱"的道理,改造现代堕落的人心,使人人都把"人"的面目拿出来对他的同胞;把那占据的冲动,变为创造的冲动;把那残杀的生活,变为友爱的生活;把那侵

一、"五四"前后外国名哲来华讲学与中国思想界的变动

夺的习惯,变为同劳的习惯;把那私营的心理,变为公理的心理。这个精神的改造,实在是要与物质的改造一致进行,而在物质的改造开始的时期,更是要紧。因为人类在马克思所谓"前史"的期间,习染恶性很深,物质的改造虽然成功,人心内部的恶,若不除划净尽,他在新社会新生活里依然还要复萌,这改造的社会组织,终于受他的害,保持不住。[1]

强调"精神生活"或"精神的改造",是生命哲学的要义。在这里,李大钊显然是借助了罗素基于人性"冲动"说的所谓"社会改造原理"来展开的。为了说明"精神的改造"必要性,他强调所谓马克思的"前史"说,这在逻辑上自然是借前者为反省现代性张目;但就他皈依马克思主义而言,恰恰相反,更多的是借重后者助益前者。这在他著名的《我的马克思主义观》中看得最清楚。李大钊在文中说:人们多"深病"马克思主义,是因为"他的学说全把伦理的观念抹煞一切,他

---

[1] 李大钊:《李大钊文集》下,人民出版社,1984年,第43页。

那阶级竞争说尤足以使人头痛"。但实际上,马克思并不排斥人类高尚愿望的存在,只是认为在他所说的人类"前史",即存在阶级斗争的历史时期内,人们实际存在的互助、博爱的理想被立于阶级对立基础上的经济结构所压抑,终至隐耀不明。只有到消灭了阶级斗争的人类"真正历史"阶段,人类高尚的愿望与理想,才能得到真正发舒。"这是马氏学说中所含的真理。"但是,在这过渡阶段,须注重灵肉一致的改造,而不偏于物质的变更,以铲除人类在前史所习染的恶习,它却不免于疏漏。"这是马氏学说应加救正的地方。"他还强调说,"近来哲学上有一种新理想主义出现,可以修正马氏的唯物论,而救其偏弊"[1]。李大钊虽已转向马克思主义,但其思想远未成熟,因为他尚未注意到,发现阶级斗争的客观存在,本非始于马克思,后者的贡献正在于由此进一步引出了无产阶级革命与专政的理论,并论证了人类社会将以此为基础,最终实现消灭阶级的共产主义社会。很显然,李大钊对于唯物史观与阶级斗争理论的理解,尚存误区。

---

[1] 李大钊:《李大钊文集》下,人民出版社,1984年,第67、68页。

而他所谓可资"救正"的"新理想主义",正是指西方反省现代性的生命哲学。其中,罗素所谓"变占据的冲动为创造的冲动"理论的影响,更显而易见。应当说,重要的问题并不在于李大钊的马克思主义观尚欠成熟,而在于他借助反省现代性,进一步增强了自己对于马克思主义的信仰。这才是问题的本质。

也正因这样,与此相应,李大钊坚信社会主义优于资本主义,也呈现了相同的思想进路。他注意到,罗素讲"合理的人生""生命的自然",其中,尤其强调美感的意义。所以他说,在罗素看来,每一个人都应尽量发展自己的创造冲动而根除私有的冲动,如果社会的大多数人食不果腹,衣不蔽体,唯有少数资本家锦衣玉食,这样荒谬的社会,必然"毫无美感之可言"。而罗素提出的三点:"1)技术练习——教育;2)发挥创造冲动之自由;3)公众的认识",就是主张人人都有免费读书的自由、发挥个人创造冲动的自由,并努力提升公众对美的鉴赏力。李大钊说,"冷酷资本主义,能使人生生活非常枯槁",已陷于机械主义,完全丧失了美感与乐趣;而社会主义恰恰有助于实现罗素提出的理想,"实行社会主义之俄国亦极重美学"[1]，已经证明了这一点。

陈独秀转向马克思主义较李大钊为晚，1920年年初是其重要的过渡期。[2] 罗素反省现代性的影响，同样为之提供了必要的思想铺垫。在此之前，他不认同反省现代性思潮对于西方资本主义文明的批判。1919年年底，他曾两次质问《东方杂志》："此次战争，使欧洲文明之权威，大生疑念。此言果非梦呓乎？敢问？"[3] 就反映了这一点。但是，次年1月，他在《自杀论》中的立脚点却已移到了反省现代性一边。他说，人性有善恶两面，故有"创造的冲动"与"占有的冲动"、"互助的本能"与"掠夺的本能"之区别。社会的进化，就是要令"恶性有减少"，"善性有发展"。不仅如此，他还第一次将西方思潮的发展，概括为三个时期："古代思潮"，包括"理性主义""神的""理想万能""主观的想象"等；"近代思潮"，包括"唯实主

---

[1] 李大钊：《社会主义与社会运动》，载《李大钊文集》下，人民出版社，1984年，第378、379、380、382页。

[2] 任建树著《陈独秀传：从秀才到总书记》："1920年初，是陈独秀向马克思主义者飞跃前进的时期。"（上海人民出版社，1989年，第179页。）

[3] 陈独秀：《独秀文存》，第189页。

一、"五四"前后外国名哲来华讲学与中国思想界的变动

义""物的""科学万能""客观的实验"等;"最近代思潮",包括"新理想主义""人的""科学的理想万能""主观的经验"等。接着,陈独秀写道:

> 古代的思潮过去了,现在不去论他。所谓近代思潮是古代思潮底反动,是欧洲文艺复兴底时候发生的,十九世纪后半期算是他的全盛时代,现在也还势力很大,在我们中国底思想界自然还算是新思潮。这种新思潮,从他扫荡古代思潮底虚伪,空洞,迷妄的功用上看起来,自然不可轻视他;但是要晓得他的缺点,会造成青年对于世界人生发动无价值无兴趣的感想。这种感想自然会造成空虚,黑暗,怀疑,悲观,厌世,极危险的人生观。这种人生观也能够杀人呵!他的反动,他的救济,就是最近代的思潮,也就是最新的思潮;古代思潮教我们许多不可靠的希望,近代思潮教我们绝望,最近代思潮教我们几件可靠的希望;最近代思潮虽然是近代思潮底反动,表面上颇有复古的倾向,但他的精神,内容都和古代思

潮截然不同，我们不要误会了。[1]

这里需要指出两点：首先，他不仅指陈了西方现代思潮正在经历的变动中，理性主义与非理性主义消长更替的趋势，而且，所谓"近代思潮"造成了"极危险的人生观，这种人生观也能够杀人"，强调的正是对理性主义的反省；其次，坦承包括自己在内原先倡导的"新思潮运动"，正是西方的"近代思潮"，它既暴露了自身的弊端，正被最新的思潮所代替，人们当勇于吐故纳新。"主张新思潮运动的人，却不可因此气馁，这是思想变动底必经的阶级；况且最近代的最新的思潮，并不危险，并无恐怖性，岂可因噎废食？"[2] 足见，陈独秀已站到了反省现代性即批判资本主义文明新的思想支点上了。梁漱溟注意到了陈独秀上述思想的重要变化。他说：陈独秀是一直钟情于西方文明的，但是近来"陈先生自己的变动已经不可掩了"。因为，他承认"最近思想"与"近代思想"多相反，"我们看，他以前的思想就是他此处所说的近代思想，那么陈先

---

[1] 陈独秀：《独秀文存》，第 273、276、277 页。
[2] 陈独秀：《独秀文存》，第 277 页。

生思想的变动不是已经宣布了吗？"[1]梁漱溟的观察显然是对的。

值得注意的是，陈独秀强调，"最近代最新的思潮底代表"是英国的哲学家罗素和法国作家罗兰、艺术家罗丹。后面两位都是欧洲新兴的浪漫主义文艺思潮著名的代表人物，罗兰更是战后欧洲知识界轰动一时的《精神独立宣言》的起草者，罗素也在宣言上签了名。他还提醒人们，不能因杜威等人对现代思潮变动所可能带来的"危险"有所顾虑，而影响我们去大胆迎受最新思潮。[2]这说明，在这方面，罗素、杜威都对陈独秀的思想变动产生了影响，但前者是主要的。陈独秀将应当迎受的最新思潮，认同为反省现代性思潮而非马克思主义，与其思想处于摇摆不定的过渡阶段，正相吻合；但陈独秀最终皈依马克思主义既非径情直遂，接受批判资本主义的反省现代性，无疑同样为其提供了必要的思想铺垫。这个判断不单合乎逻辑，且也有事实可资佐证。例如，他在强调中国只能用社

---

[1] 梁漱溟：《中西文化及其哲学》，载中国文化书院学术委员会编《梁漱溟全集》第1卷，山东人民出版社，2005年第2版，第514页。

[2] 陈独秀：《独秀文存》，第277页。

会主义发展教育与工业时说:"我个人的意见,以为资本主义虽然在欧洲、美洲、日本也能够发达教育及工业,同时却把欧、美、日本之社会弄成贪鄙、欺诈、刻薄、没有良心了。"[1] 这里的批判,明显取径于反省现代性。又如,批判无政府主义是陈独秀转向马克思主义的一个重要思想表征,而此种批判也恰恰借重了罗素。他在反驳无政府主义者主张废除法律与军队时说:"罗素先生的意思是以为就是很远的将来,人类的竞争心、争权心和妒忌心三样根性是不容易完全消灭的。所以对内对外,小事仍需要法律,大事仍需要兵力,才能制止一切不正当的事。虽然将来的法律及军队渐渐和现在不同,而绝对的废止期,几乎是现在的人类一种空想。"[2]

其三,罗素关于中国发展问题的思考与建议,助益先进之士进一步坚定了选择走"以俄为师"的道路。

实际上,在其时的中国青年中,罗素的影响要大于杜威。究其原因,除罗素传奇式的个人经历外,根

---

[1] 陈独秀:《致罗素先生》,载《陈独秀文章选编》中,第52页。
[2] 陈独秀:《答冯菊坡先生的信》,载《陈独秀文章选编》中,第83、84页。

一、"五四"前后外国名哲来华讲学与中国思想界的变动

本还在于，二人对于其时中国青年最关心的国家发展道路选择这一根本问题的思考与建议，大相径庭。反对"根本解决"而主张一点一滴地改造的杜威，告诉中国青年说，"欧战终了以后，人心对于马克思的学说渐起厌倦的现象"[1]，俄国革命徒有形式，也已"酿成败德之紊乱"[2]。所以，青年人"不必望至过大，看至过远。因人凡谋事必由小及大，由近及远。如过大过远，即用全力亦办不到"[3]。他建议，解决中国问题可从普及教育与研究专门问题入手。杜威的主张与中国进步青年中日益增长的革命倾向，格格不入。罗素则不同，他恰恰主张中国青年要抱更大的希望，要看得更远。他坦陈自己的真实想法，其富有真知灼见的思考，引发了广泛争论。这不是坏事，恰恰相反，它在中国思想界酝酿重大转折的关键时刻，进一步激发了国人对中国发展道路问题的认真再思考。所以，有青年人批评杜威失之保守而寄希望于罗素，并不奇怪。从总体上看，罗素相互关联的两大观点，最具影响力：

---

[1] 杜威：《社会哲学与政治哲学》，载《杜威在华讲演集》，第60页。
[2] 杜威：《共和国之精神》，载《杜威在华讲演集》，第22页。
[3] 杜威：《民本政治之基本》，载《杜威在华讲演集》，第127页。

一是对于人类社会发展趋向与当今世界政治总体格局的判断。罗素说:"我觉得资本主义已到末路,世界的将来,布尔塞维克正好发展,推倒资本主义。世人无知,所以资本主义才能存在到今日。""我敢说资本主义总有灭绝的一日。"[1]与此相应,社会主义已成为世界发展的趋势。"我所说的社会主义",就是"列宁所试行的"[2]。据此,他进而认为,当今世界的政治形成了两对势力对峙的总体格局:"资本主义与帝国主义是一方面,有强力的人主张的;共产主义与自决主义,又是一方面,被压制而要求解放的人主张的。今日世界的混乱状态,全是这两对势力互相冲突的结果,就是再往前看二三十年,也许还是这两对势力冲突的世界"[3]。换言之,正是以西方为代表的资本主义、帝国主义与以苏联为代表的社会主义、被压迫民族间的对立,形成了世界政治的总体格局,由此引出的逻辑结论,自然是:中国作为被压迫民族,只能站在社会

---

[1] 杜威:《布尔什维克与世界政治》,载《杜威在华讲演集》,第13页。
[2] 杜威:《民主与革命》,张崧年译,《新青年》第8卷第2号,1920年10月1日。
[3] 杜威:《社会结构学》,载《杜威在华讲演集》,第258页。

一、"五四"前后外国名哲来华讲学与中国思想界的变动

主义一边。罗素是讲学的名哲中唯一提出了这样宏观判断的人,而这恰恰是中国选择自己的发展道路所不可或缺的大视野即认知的前提。罗素的上述判断与中国最早转向马克思主义的李大钊的见解,正不谋而合。例如,李大钊说:欧战的结束与俄国的十月革命,是人类新纪元开端的重要标志,它反映的"资本主义失败,劳工主义战胜"[1],即"是民主主义的胜利,是社会主义的胜利,是布尔什维克的胜利,是赤旗的胜利,是世界劳工阶级的胜利,是20世纪新潮流的胜利"[2]。他强调的也正是社会主义与资本主义、被压迫民族与帝国主义的矛盾冲突,而他由此进一步引出的自觉认识中国革命是世界革命组成部分的极端重要性的见解,与罗素的判断,同样是相通的:"受资本主义的压迫的,在阶级间是无产阶级,在国际间是弱小民族。"中国人民百年来受资本帝国主义的压迫,"而沦降于弱败的地位",因之,十月革命对于中国人民最具亲和力。"凡是像中国这样的被压迫的民族国家的全体人民,都应该很深刻的觉悟他们自己的责任,应该赶

---

[1] 李大钊:《庶民的胜利》,载《李大钊文集》上,第594页。
[2] 李大钊:《Bolshervism的胜利》,载《李大钊文集》上,第598、599页。

快的不踌躇的联合一个'民主的联合阵线',建设一个人民的政府,抵抗国际的资本主义,这也算是世界革命的一部分工作。"[1]罗素的上述正确判断,既体现了他对被压迫民族的真诚同情,同时也与李大钊诸人相呼应,拓展了国人的世界视野。

二是经深思熟虑,向国人郑重提出了"中国到自由之路"的重大建议。十月革命后,国人对俄国多刮目相看,社会主义思潮也因之迅速高涨;不过,人们虽心向往之,却因少有实地考察,又不免雾里观花,真伪莫辨。罗素曾是批判资本主义和支持俄国革命的国际著名人士,又曾访问过俄国,人们自然格外关注他的言论。但是,罗素来华前刚在伦敦《国民周刊》发表他的游俄感想,并汇成《鲍尔希维主义的理论和实际》一书出版,其中对俄国革命多有批评。他在华讲演基本上又重复这些观点。罗素的"新俄观"在东西方都引起了舆论哗然。不仅如此,初到中国的罗素,又对中国是否有可能越过资本主义阶段发展自己的实业,表示怀疑。不难想见,罗素很快便陷入了中国问

---

[1] 李大钊:《十月革命与中国人民》,载《李大钊文集》下,第577页。

一、"五四"前后外国名哲来华讲学与中国思想界的变动

题的旋涡,引起了争议。由于问题的敏感性和罗素自身的影响力,他的真实见解和最终的意见,对于国人的取舍,在心理上的影响是不容轻忽的。反对俄国革命者,欢欣鼓舞。颖水在《晨报》上刊登译文《评论罗素游俄之感想》,其中说:"从上段所说看起来,我们如令一真正激烈派得亲到俄国目睹俄国情形,则必翻然大悟,而从前迷惑,自然烟消云散的。这种效果,我们观于罗素发表这篇文章可以证明了。"[1] 同情俄国革命者,则对罗素大为不满。《新青年》连续发表了雁冰、袁振英等译自《苏维埃俄国》的文章,批评罗素是位"失望的游客",无非以贵族老爷式的态度对待革命。[2] 至于张东荪借重罗素反对社会主义,陈独秀则坚持社会主义并致书质问罗素,从而引发了思想界一场关于社会主义的争论,更为人所熟知。实际上,人多误会了罗素。他是个和平主义者与人性论者,对布尔什维克坚决行使必需的革命权威,难以理解并存微

---

[1] 《晨报》1920年10月1日,第3版。
[2] 《新青年》1920年12月第8卷第3号:雁冰译《罗素论苏维埃俄罗斯》;第4号:震瀛译《批评罗素论苏维埃俄罗斯》、袁振英译《罗素——一个失望的游客》。

辞，是很自然的，但这并不意味着他改变了支持社会主义的初衷。他说得明白："现在惟一的新希望还是从俄国来"，"我相信世界上只有共产制度能再造世界的幸福"。俄国革命虽有简单粗暴与手段残酷的弱点，"但它能使人民有一种别国所没有的快乐；能使人耐苦冒险而保存一种新鲜畅快的精神，是黑暗的西欧所没有的"[1]。其实，他也知道批评布尔什维克会令"反动派大感快意"，但他相信，"保持缄默归根到底并没有什么好处"[2]。其率性直言，容有过当，但却是补台而非否定。其时明眼人已看到了这一点。梁敬錞说：罗素"盖对于俄党所揭橥之主义，已根本赞成，所审择者，即何种手段，始能达到真目的，何种手段始为最适宜耳"[3]。远在东北的金毓黻在他的日记中也写道："罗素在北京女师演说，谓俄国过激主义中之罪恶，世界上皆全有，他的优点却为他国所没有。又云'世界最公平者，莫如布尔什维克主义（即过激主义）'。由此言证之，知罗素氏亦极赞成过激主义。然则罗氏认俄国劳农政府

---

[1] 罗素：《社会结构学》，载《罗素在华讲演集》，第290页。

[2] 罗素：《罗素自传》第二卷，第124页。

[3] 梁敬錞：《与罗素同船之一封书》，《晨报》1920年10月26日。

一、"五四"前后外国名哲来华讲学与中国思想界的变动

举措之不满人意,乃其手段耳,非根本反对也。"[1] 罗素所以最初认为中国当先发展教育与实业,以后再行社会主义,这与其所以批评俄国革命,是一脉相承的。在他看来,俄国革命所以存在许多弱点,是因其经济落后的缘故,而中国的经济较之更加落后,不先发展实业,社会主义自然更不具备条件。但是,在世界资本主义压迫下,中国想仿效西方资本主义发展实业,事实上可能吗?罗素自己也感到两难,他在甫抵上海的欢迎会上致辞时说:"至于中国改造之路径方法,鄙人当竭所知,以供采择。但就最近之感想所及,各种改造方法之中,自以教育为第一义。"[2] 他说得明白:这只是初来乍到的想法。他没有最终下结论,而留待继续观察与思考。直到1921年7月,他的临别讲演——《中国到自由之路》,才最后明确而郑重地提出了自己对中国发展道路问题的建议:"我和有思想的中国人谈话,常常觉得有一个问题:怎样能够发展中国的实业,同时又能免除资本主义的流毒?这是个难题。"现在明

---

[1] 金毓黻:《静晤室日记》(一)卷6,1921年1月17日,辽沈书社,1993年,第216页。
[2] 《沪七团体欢迎罗素记》,《晨报》1920年10月16日。

确了,"一定要先解决政治问题",而中国政治改革不能走西方的道路,"俄国政策适合中国","最好经过俄国共产党专政的阶级。因为求国民底智识快点普及,发达实业不染资本主义的色彩,俄国式的方法是唯一的道路了"[1]。尽管罗素将俄国革命理解为"国家社会主义",并不准确,但重要在于,他超越了自己,给国人的最终建议却是:以俄为师。这在当时的中国思想界自然引起了震动。

其时,李大钊、陈独秀诸人在共产国际的指导下,正在积极筹建中国共产党。1920—1921年,蔡和森曾几次致书毛泽东,强调中国改造"一定要经俄国现在所用的方法……舍此无方法"[2]。毛泽东也极表赞同。从李大钊到毛泽东,都主张以俄为师,开创中国革命新的道路。罗素的临别赠言,适逢其时,其不谋而合,对于国人尤其是陈独秀、李大钊诸人,无疑产生了鼓舞的作用。陈独秀很快改变了原先对罗素的怀疑与不满,他连续发表文章,高度评价其临别赠言对于中国革命的重要性。他在《政治改造与政党改造》

---

[1] 罗素:《罗素在华讲演集》,第303、304页。
[2] 蔡和森:《蔡和森文集》,人民出版社,1980年,第72页。

一、"五四"前后外国名哲来华讲学与中国思想界的变动

中说:"罗素在《中国人到自由之路》里说:'改革之初,需有一万彻底的人,愿冒自己性命的牺牲,去制驭政府,创兴实业,从新建设。这类人又须诚实能干,不沾腐败习气,工作不倦,肯容纳西方的长处,而又不像欧美人做机械的奴隶。'又说:'中国政治改革,决非几年之后就能形成西方的德谟克拉西……要到这个程度,最好经过俄国共产党专政的阶级。因为求国民底智识快点普及,发达实业不染资本主义的色彩,俄国式的方法是唯一的道路了。'"陈独秀进而强调指出,罗素这两段话,对于中国政党的改造是"一个大大的暗示":"政党是政治底母亲,政治是政党的产儿;我们与其大声疾呼:'改造政治',不如大声疾呼:'改造政党'!"[1] 所谓"大大的暗示",就是重大的启示。陈独秀从罗素临别赠言中得到的启示就是:不仅要走俄国革命的道路,而且要聚集精英人才,创建中国的布尔什维克党,作为中国革命的领导力量。我们注意到,1920年年初瞿秋白在上述《社会运动的牺牲者》中,不仅提出文化运动必然要发展到社会运动的重要

---

[1] 陈独秀:《陈独秀文章选编》中,第135、136页。

思想，而且强调还必须有一批具有"新的信仰，新的人生观"，勇于打破旧制度与旧传统的"社会运动的牺牲者"[1]，才能真正实现这一点。这同样是极重要的预见。但是，他既未能说明社会运动的具体内涵，所谓"社会运动的牺牲者"也依然仍是抽象的概念。而现在的陈独秀，却借罗素的临别赠言，明确强调革命政党建设对于社会改造的极重要性了。是文发表于1921年7月1日，正是以陈独秀为总书记的中国共产党正式创建之时。罗素最终对中国发展道路选择的建议，无疑直接影响到了中国革命的最初发展。

但与此同时，张东荪、胡适等人却对罗素大失所望。张东荪发现自己陷入了尴尬境地，他埋怨说："现在看了这篇最后的讲演，使我们大失望，"这与他此前的主张自相矛盾。"凡此种种，我们生一种感想，就是觉的罗素先生自己的思想还未确定，何能指导我们呢？"[2] 罗素走了，胡适去送，但"不幸迟了几分钟，车已走了"[3]。他作诗一首，题为《一个哲学家》，其中

---

[1] 瞿秋白：《瞿秋白文集》，政治理论编，第一卷，第52页。
[2] 张东荪：《后言》，《哲学》1921年第3期，附录，第98页。
[3] 胡适：《胡适全集》第29卷，第355、356页。

一、"五四"前后外国名哲来华讲学与中国思想界的变动

说,"他自己不要国家,但他劝我们须爱国;他自己不信政府,但他要我们行国家社会主义"[1],同样表达了自己对罗素的不满。

人们对毛泽东的下面名言,多耳熟能详:"十月革命一声炮响,给我们送来了马克思列宁主义。十月革命帮助了全世界的也帮助了中国的先进分子,用无产阶级的宇宙观作为观察国家命运的工具,重新考虑自己的问题。走俄国人的路——这就是结论。"[2] 这自然是正确的,但浪漫的诗化语言,富有感染力,却不免于抽象。十月革命给国人送来了马克思主义是一回事,先进分子最终理解和接受它,并决心走"以俄为师"的道路,则是另一回事,因为后者是多样化因素综合作用和人们反复选择的结果。缘上可知,"五四"后新文化运动最终归趋"以俄为师"的社会主义,其在思想层面上的展开过程,既深刻地反映了中国思想界的异趋,同时也明显地打上了名哲尤其是杜威与罗素讲学的印记。所以,周策纵从另一角度的观察也是对的:"杜威、罗素两位杰出西方自由主义者无疑忠于他们

---

[1] 胡适:《胡适全集》第29卷,第361页。
[2] 毛泽东:《毛泽东选集》第四卷,人民出版社,1991年,第1471页。

所信服的民主和宪政，但他们在中国的言论，至少无疑地助长了社会主义的气焰。""如果连西方自由主义大师都为社会主义'帮腔'，难怪后来有许多自由主义者变成了共产主义的同路人。"[1]

（四）名哲讲学与中共建立"思想革命上的联合战线"思想的提出

对于名哲讲学，人们既各是所是，各取所需，它在助益思想深化的同时，自然也加速了中国思想界的分化。1925年胡适为《朝鲜日报》撰写《当代中国的思想界》，他介绍欧战后"中国的思想冲突"，正是从名哲讲学说起。他说："中国青年人在欢迎约翰·杜威和罗素两氏时，西洋近代文化遭到攻击，这在多数人的心目中，自然蒙生了心理上的冲突。"[2] 梁启超等人固然缘是加固了自己新的思想支点，得以在新文化运

---

[1] 周策纵:《弃园文萃》,上海文艺出版社,1997年。转引自孙家祥《杜威访华与中国现代政治思想演进》,载袁刚等编《杜威在华讲演集》,第25页。

[2] 胡适:《胡适全集》第20卷,第555页。

动中独树一帜，原来新文化运动队伍中的陈独秀与胡适诸人，也因之催化，而渐行渐远。

关于新文化运动的内部分化已有许多研究，这里不拟重复，只是强调一点，杜威的讲学显然加速了此种分化。这里有两层含义：一是胡适不仅担任杜威讲学的全程翻译，而且为了替他讲学预为铺垫，还专门撰写了《实验主义》等一系列文章，介绍和宣传杜威的理论。这无疑会进一步提升他作为实验主义信徒的理论自觉。二是杜威讲学中的某些重要观点，径直启发或支持了胡适提出自己重要的新文化主张，加速了他与陈独秀诸人的异趋。人们多注意到了1919年7、8月间发生的李大钊与胡适关于"主义与问题"之争，是新文化运动主持者思想分歧表面化的重要标志；但实际上，胡适随后于同年12月发表的著名长文《新思潮的意义》，更是他决心独树一帜的代表作。胡适不赞成陈独秀将新思潮的意义仅仅归结为拥护科学与民主"两大罪案"，而将之重新界定为"只是一种新态度"——"评判的态度"，即"重新估定一切价值"。继"主义与问题"的争论之后，胡适要对新思潮的意义重新界定，显然意在调整或明确价值取向，为新文化运动的进一步发展指明自己认同的新方向。所以，此文设计有醒目的副标题："研究问题，引进学理，整理国故，再造文明。"是文影响甚大，此后的事实说明，"整理国故"正是胡适所提倡和坚持的新文化运动发展方向。他自己也说："这是我对于新思潮运动的解释。这也是我对于新思潮将来的趋向的希望。"[1] 所以，《新思潮的意义》是胡适继"主义与问题"之争后，对问题做进一步全面的和理论思考的结果。它不啻是胡适的"文化纲领"，在更加全面的意义上，成为他与李大钊、陈独秀分道扬镳的分水岭。值得注意的是，1919年9月20日至1920年3月6日，杜威做《社会哲学与政治哲学》共16讲的长篇讲演，恰与胡适阐述上述的思想主张相呼应。杜威在讲演中指斥马克思主义主张社会问题的"根本解决"，无非是"极端的学说"，且已成明日黄花。他强调，实验主义才是可行的道路："现在世界上无论何处都在那里高谈再造世界，改造社会。但是要再造、改造的都是零的，不是整的。如学校、实业、家庭、经济、思想、政治都是一件件的，不是

---

[1] 胡适：《胡适全集》第1卷，第697页。

一、"五四"前后外国名哲来华讲学与中国思想界的变动

整齐的。所以进步是零买来的。"[1] 如果说,这可以看成是对刚刚发生的"主义与问题"之争中胡适观点的支持,那么,他关于全世界思想"教权"大转移的见解,则更是对胡适形成《新思潮的意义》中的核心观点,产生了重要的启迪作用。杜威说:"教权是什么呢?就是思想信仰在人生行为上的影响。""所以问题是怎样以科学的教权代替成法,或曰怎样以科学的思想结晶到从前旧训成法的地位。""换句话说是将思想改革应该向那一方向走。""所以思想革新,只认事实;凡是不能承认的,虽是几千年来的东西也不能承认。""其重要之点,就是以根于事实的东西代替不根于事实但凭想象的东西。"[2] 胡适所谓的"新态度",不就是"教权"的更替?胡适强调"价值也跟着变",体现着"新思潮将来的趋向",不就是杜威所谓"教权"更替意味着"思想改革应该向那一方向走"?至于胡适在文中继续指斥马克思主义,强调"问题"和"一点一滴的改造",与杜威的说法,更是连语言都是一样的。在杜威讲学过程中,胡适对乃师的观点是有所选择的,对

---

[1] 杜威:《杜威在华讲演集》,第33页。
[2] 杜威:《杜威在华讲演集》,第88、89页。

于后者反省现代性和主张新旧中西的调和等,皆充耳不闻,但于实验主义的基本教义,却是坚信不移。

由于杜威讲学时间最长,加之胡适等诸多学生大力宣传,故实验主义影响甚广,从蔡元培、梁启超到李大钊、陈独秀,鲜有不受影响者。不过,实验主义很快便遭到了质疑。梁启超说,"自杜威到中国讲演后,唯用主义或实验主义在我们教育界成为一种时髦学说",但我国三百年前的"颜李学派","和杜威们所提倡的有许多相同之点,而且有些地方像是比杜威们更加彻底"[1]。这无异于在贬抑实验主义。而在《评胡适之中国哲学史大纲》中,梁启超更径直指出,正因为"胡先生是最尊'实验主义'的人",故其书中"不能尽脱主观的臭味"[2]。梁漱溟则认为,实验主义虽不妨视为西洋派进步到最圆满的产物,"然而现在西洋风气变端已见,前此之人生思想此刻已到末运了"[3]。换言之,实验主义也无非是明日黄花。张东荪是哲学

---

[1] 梁启超:《颜李学派与现代教育思潮》,载《饮冰室合集·文集》(41),第3页。

[2] 梁启超:《饮冰室合集·文集》(38),第52页。

[3] 梁漱溟:《东西文化及其哲学》,载《梁漱溟全集》第1卷,第484页。

一、"五四"前后外国名哲来华讲学与中国思想界的变动

家,他从真理论上批评实验主义陷入了相对主义。同时复指出,既以经验为唯一存在,而经验以直接的经验为唯一的来源,如此岂非将认识最终归于官觉印象,即一切非亲身经验不可;然而,"生物学的细胞、物理学的电子,亦非经过官觉的实证不可了?"[1] 足见其说之不完善。时已转向马克思主义的瞿秋白,从唯物论的角度批评实验主义,见解愈形深刻。他肯定实验主义作为一种行动的哲学,注重现实生活的实用性,是其优点;但指出,它否定理论的真实性,在宇宙观上陷入了唯心论。同时,它既以"有益"作为判断真理的标准,故只能承认一些实用的科学知识与方法,而不能承认科学的真理。也因是之故,作为资产阶级的哲学,它只能接受改良而不能接受革命:"实验主义既然只承认有益的方是真理,他便能暗示社会意识以近视的浅见的妥协主义,——他决不是革命的哲学。"[2]

缘此不难看出,在名哲讲学期间,中国的思想

---

[1] 张东荪:《唯用论在现代哲学上的真正地位》,《东方杂志》第20卷第16号,1923年8月25日。
[2] 蔡尚思主编《中国现代思想史资料简编》第二卷,浙江人民出版社,1982年,第414页。

界业已分化并形成了马克思主义（李大钊、陈独秀代表）、自由主义（胡适代表）、保守主义（梁启超代表）三足鼎立的格局。1919年下半年的"主义与问题"之争，发生在马克思主义者与自由主义者之间；1920年关于社会主义的论争，发生在马克思主义者与保守主义者之间；1923年的"科玄之争"，则是发生在自由主义者与保守主义者之间；但是，是年年底，陈独秀为亚东图书馆出版"科玄之争"论集作序，以第三者自居，借唯物史观评点论战双方，无形中不仅参与了论争，而且肯定了思想界此种格局的存在。紧接着，邓中夏在同年《中国青年》第6期上发表《中国现在的思想界》一文，不仅使用了"派"的概念，而且同时还明确地概括出了现实思想界三派并存的格局："唯物史观派"（李大钊、陈独秀代表）、"科学方法派"（胡适代表）、"东方文化派"（梁启超、梁漱溟代表）。胡适不太讲派，但他于1923年12月19日的日记中，却详细摘录了黄日葵在北京大学建设25周年纪念刊中发表的《中国近代思想史演进中的北大》一文，对于北大，实际即现实思想界分化的描述："'五四'的前年，学生方面有两大倾向：一是哲学文学方面，以《新潮》

一、"五四"前后外国名哲来华讲学与中国思想界的变动

为代表,一是政治社会的方面,以《国民杂志》这代表。前者渐趋向国故的整理,从事于根本的改造运动;后者渐趋向于实际的社会革命运动。前者隐然以胡适之为首领,后者隐然以陈独秀为首领……最近又有'足以支配一时代的大分化在北大孕育出来了'。一派是梁漱溟,一派是胡适之。前者是彻头彻尾的国粹的人生观,后者是欧化的人生观;前者是唯心论者,后者是唯物论者;前者是眷恋玄学的,后者是崇拜科学的。"黄日葵所谓三大"首领"各代表着不同的分化"倾向",实际说的就是三大"派"。更重要在于胡适在引述之后的评论:"这种旁观的观察,——也可说是身历其境,身受其影响的人的观察,——是很有趣的。我在这两大分化里,可惜都只有从容漫步,一方面不能有独秀那样狠干,一方面又没有漱溟那样蛮干!所以我是很惭愧的。"[1] 他显然是肯定了黄日葵的观察,表面谦逊,实则自得。而当他在另一处这样说时,"今日高唱'反对文化侵略'的少年,与那班高唱'西洋物质文明破产'的老朽,其实是殊途而同。同归者,同向开倒车

---

[1] 胡适:《胡适全集》第30卷,第133页。

一条路上走,"[1]心中三派的分野不仅更显鲜明,而且少了前面的谦逊,流露出了心中更多的愤懑。张东荪则强调应当反对思想界的"垄断",他说:"我确信思想是可以竞赛的,但不可有垄断的意思。""以我的观测,觉得现在中国人往往把思想比赛认为思想垄断",例如,有人就反对请倭铿来华讲学,以为其学说不宜于中国;实则,你以为不宜,不去介绍好了,但却无权禁止别人介绍,要知道"中国思想界由我一个人是封锁不住的"[2]。他也没有讲派,但他不仅肯定了思想界的分化,而且强调这是合理的。

需要注意的是,作为新创立的中共总书记的陈独秀,为推进国民革命,正借唯物史观对中国的政治力量与思想分野作阶级分析。1923年1月他发表《反动政局与各党派》一文,主张各派进步人士"加入打倒军阀官僚的联合战线"。所谓进步人士,他提到了:全国工友、国民党诸君、好政府主义者、青年学生、工商业家、益友社、研究系左派、政学会诸君等等,范围十分广泛。这里自然包括了胡适与梁启超诸人在

---

[1] 胡适:《论中西文化》,载《胡适全集》第13卷,第742页。
[2] 张东荪:《思想问题》,《学灯》1922年6月23日。

一、"五四"前后外国名哲来华讲学与中国思想界的变动

内。[1] 同年7月,陈独秀又发表《思想革命上的联合战线》,第一次更加明确地提出了建立思想界革命联合战线的目标。他说,由于中国社会经济仍停留在小农经济基础上,所以不仅政治是封建军阀的,社会思想也仍然是封建宗法的。号称新派的蔡元培、梁启超、梁漱溟、张君劢、章士钊等人,"仍旧一只脚站在封建宗法的思想上面,一只脚或半只脚踏在近代思想上面。真正了解近代资产阶级思想文化的人,只有胡适之"。"适之所信的实验主义和我们所信的唯物史观,自然大有不同之点,而在扫荡封建宗法思想的革命战线上,实有联合之必要"[2]。在思想界建立联合战线的主张,是陈独秀根据中共新通过的关于建立民主的联合战线的决议,进一步引申出来的,固属极具创意的重要思想;但是,陈独秀只主张与胡适等组成联合战线,显然又不包括被视为"半新旧"人物的蔡元培、梁启超诸人。这与其上述《反动政局与各党派》的见解显然不一致。同时,被排除在联合战线之外的这些半新旧的人物,是敌是友?他未作说明。但是,同年

---

[1] 陈独秀:《陈独秀文章选编》中,第226、227页。
[2] 《前锋》第1期,1923年7月1日。

11月邓中夏在《中国现在的思想界》中,却明确地将梁启超诸人为代表的所谓"东方文化派",说成了是胡适等代表的"科学方法派"与陈独秀等代表的"唯物史观派",应当联合加以攻击的"非科学的""反动派"[1]。这是陈独秀的本意吗?

一个月后,陈独秀发表重要长文《中国国民革命与社会各阶级》,系统阐述了他对于中国革命的总体战略构想。他指出,国民革命虽是资产阶级的性质,但它却是需要各阶级合作的大革命。其中,特别强调"非革命"知识分子也是间接的革命力量,再次重申了建立革命思想联合战线的重要性。他写道:"正因为知识阶级没有特殊的经济基础,遂没有坚固不摇的阶级性。所以他主观上浪漫的革命思想,往往一时有超越阶级的幻象,这正是知识阶级和纯粹资产阶级所不同的地方,也就是知识阶级有时比资产阶级易于倾向革命的缘故。就是一班非革命分子,他们提出所谓'不合作''农村立国''东方文化''新村''无政府''基督教救国''教育救国'等回避革命的口号,固然是小

---

[1]《中国青年》第6期,1923年11月24日。

一、"五四"前后外国名哲来华讲学与中国思想界的变动

资产阶级欲在自己脑中改造社会的幻想,然而他们对于现社会之不安不满足,也可以说是间接促成革命的一种动力。"[1]这又恢复了他在《反动政局与各党派》一文中的观点,所谓半新旧的梁启超等人,也重新被视为"间接促成革命的一种动力",纳入了联合的对象,无异于是对邓中夏观点的否定。

不可思议的是,仅隔一个月,邓中夏又发表《思想界的联合战线问题》,虽强调是要进一步阐发陈独秀的见解,但实际上与前者在《中国国民革命与社会各阶级》中阐述的观点,仍然大相径庭。他说:"我们应该结成联合战线,向反动的思想势力分头迎击。"他所谓的"反动的思想势力",却是打击一大片,将许多上述陈独秀主张团结的力量,都赶到了敌人一边去了:"再明显些说,我们应结成联合战线,向哲学中之梁启超,张君劢(张东荪、傅铜等包括在内),梁漱溟;心理学中之刘廷芳(其实他只是一个教徒,没有被攻的资格);政治论中之研究系,政学系,无政府党,联省自治派;文学中之'梅光之迪'等,和一般无聊的

---

[1] 陈独秀:《陈独秀文章选编》中,第366页。

新文学家，教育中之黄炎培，郭秉文等，社会学中之陶履恭，余天休等这一些反动的思想势力分头迎击，一致进攻。战线不怕延长呀！战期不怕延久呀！反正最后的胜利是我们的。"[1]陈独秀的上述文章都是发表在中共中央机关刊物《前锋》上，显然在党内具有权威性；邓中夏的是文则是发表在中国共产主义青年团新创办的机关刊物《中国青年》第15期上，陈独秀也不可能不知道，那么，他的态度究竟如何呢？

随后，印度大诗人泰戈尔来华讲学，考察陈独秀的态度，恰好成了我们对其在思想界建立联合战线思想的一次实际检测。

1924年4月中，泰戈尔来到中国。在后来3个月的时间里，先后在上海、杭州、北京各地讲演，听者动辄数千人，受到了普遍的欢迎。《晨报》《时事新报》《小说月报》《东方杂志》等报刊都辟有专号或专栏，广为宣传。郑振铎等人还在文学研究会内专门成立了泰戈尔研究会。泰戈尔在北京更受到了梁启超、熊希龄、范源濂、胡适等众多名流的隆重接待。尤其是5

---

[1]《中国青年》第15期，1924年1月26日。

一、"五四"前后外国名哲来华讲学与中国思想界的变动

月8日为泰戈尔举办的64岁诞辰祝寿会,由胡适主持,另有赠名典礼由梁启超主持,最后由林徽因、徐志摩等饰演泰戈尔的剧本《齐德拉》,将其在华讲学推到高潮。

但是,与此同时,陈独秀却以《中国青年》为中心,发起抵制活动,使泰戈尔的整个讲学蒙上了阴影。陈独秀连续发表了《我们为什么要欢迎太戈尔》等十余篇文章;《中国青年》则出有专号,对后者的指斥不遗余力。他们不仅认为泰戈尔是极端反对科学、物质文明和抵拒西方文化的东方顽固派,而且指斥他与梁启超等的研究系和"东方文化派"相勾结,无非要消磨中国青年革命的锐气和充当帝国主义的说客。陈独秀在文中借朋友的话说:"太戈尔的和平运动,只是劝一切被压迫的民族像自己一样向帝国主义者奴颜婢膝的忍耐、服从、牺牲,简直是为帝国主义者做说客。"[1]泽民也说:"他是印度的一个顽固派,纵不是辜鸿铭康有为一类老顽固,也必是梁启超张君劢一类新顽固党

---

[1] 陈独秀:《巴尔达里尼与太戈尔》,载《陈独秀文章选编》中,第495页。

的人物。"[1] 林根干脆说,"科玄之争"后,泰戈尔被研究系请来,就是为了壮大后者的势力,并以空想玄虚的东方文化,"以磨灭青年与现实环境奋斗的革命精神"[2]。包括陈独秀的在内,许多文章甚至不惜做人身攻击。当然,更偏激的是,组织散发传单和冲击会场。这些都造成了讲学的不和谐与泰戈尔老人沉重的心理负担。他曾对胡适诉说委屈:"你听过我的演讲,也看过我的稿子。他们说我反对科学,我每次演讲不是总有几句特别赞叹科学吗?"胡适回忆说:"我安慰他,劝他不要烦恼,不要失望。我说,这全是分两轻重的问题,你的演讲往往富于诗意,往往侧重人的精神自由,听的人就往往不记得你说过赞美近代科学的话了。我们要对许多人说话,就无法避免一部分人的无心的误解或有意的曲解。'尽人而悦之',是不可能的。"[3]

  陈独秀等人担心泰戈尔过分颂扬东方文化和"精神文明",会对革命青年产生消极影响,固然不无道

---

[1] 泽民:《太戈尔与中国青年》,《中国青年》第27期,1924年4月18日。

[2] 林根:《两年来的中国青年运动》,《中国青年》第100期,1925年10月10日。

[3] 胡颂平编著《胡适之先生年谱长编初稿》第二册,联经出版事业公司,1984年,第567页。

理，但却反应过度，失之偏激。首先，攻其一点不及其余的批评太过简单化。泰戈尔是著名的东方文化论者，他对西方文化的批评容有过当，但意在反省现代性并为被压迫民族张目，绝非是反对科学、主张复古的顽固派。他在北海欢迎会上说："世人常谓余排斥西人物质文明，其实不然。西方的科学实为无价宝库，吾侪正多师承之处，万无鄙视之理。"[1] 又说："西方文明重量而轻质，其文明之基础薄弱已极，结果遂驱人类入于歧途，致演成机械专制之惨剧。"由于"缺乏精神生活"，"故彼等咸抱一种野心，日惟以如何制造大机器，又如何用此机器以从事侵略为事。彼等对于率机器以食人之残酷行为，初不自知其非，且庞然自大"。东方人不应崇拜西方，不然必受其害。"吾人分所应为者，乃对于一切压迫之奋斗、抵抗，以求到达于自由之路。"[2] 其主张的基本取向，并无大错。泰戈尔在本国不仅是著名的爱国者，更是革新派的重要代表人物。他成立的国际学院倡导东西方文化融合，享誉世界。美国著名学者萨义德，因之称赞他是殖民地

---

[1]《须发皓白之印度诗哲》，《晨报》1924年4月26日。
[2]《泰戈尔第二次讲演》，《晨报》1924年5月11日。

国家具备自我批判精神的"伟大知识分子"的"典型",是"民族主义队伍中的杰出人物"[1]。胡适也说,"泰氏为印度最伟大的人物",他推动印度的文学革命,"其革命的精神,实有足为吾青年取法者,故吾人对于其他方面纵不满于泰戈尔,而于文学革命一端,亦当取法于泰戈尔"[2]。其次,是情绪化的抹黑,缺乏说服力。陈独秀诸人将泰戈尔说成是帝国主义的走狗,英美协会在六国饭店宴请泰氏,更被说成是新的铁证:"谁知太戈尔爵士之来于研究系的关系之外,还有帝国主义的关系呢?"[3]但事实正相反,泰戈尔在宴会上的讲话,公开反对国家主义,批评日本展出中日战争中俘获的中国兵器,以为厌恶;并谓美国"只知有己,藐视他国,殊与耶教原理不符,并与人道有伤"[4]。泰戈尔不仅是伟大的爱国者,也是东方被压迫民族的代言

---

[1] 爱德华·W.萨义德:《知识分子论》,单德兴译,生活·读书·新知三联书店,2002年,第39页;《文化与帝国主义》,李琨译,生活·读书·新知三联书店,2003年,第312页。

[2] 《泰戈尔第二次讲演》,《晨报》1924年5月11日。

[3] 蔡和森:《英美协会欢迎太戈尔》,载《蔡和森文集》,人民出版社,1980年,第436页。

[4] 蔡和森:《英美协会欢迎太戈尔》,《晨报》1924年4月26日。

一、"五四"前后外国名哲来华讲学与中国思想界的变动

者。他在临去世前的最后一篇文章《文明的危机》中，还在怒斥英国对中、印各被压迫民族的野蛮侵略。[1] 足见，攻击多为情绪化的抹黑，并无根据。所以，负责具体接待并任翻译的徐志摩，动情地为泰戈尔辩护说："太氏到中国来，是来看中国与中国的民族，不是为了部分或少数人来的。"[2] "但是同学们，我们也得平心的想想，老人到底有什么罪？他有什么负心？他有什么不可容赦的犯案？公道是死了吗？为什么听不见你的声音？""他一生所遭逢的批评只是太新、太早、太急进、太激烈、太革命的、太理想的；他六十年的生涯只是不断的斗奋与冲锋。他现在还只是冲锋与斗奋。但是他们说他是守旧、太迟、太老。他顽固奋斗的对象只是暴烈主义、资本主义、帝国主义、武力主义、杀灭性灵的物质主义；他主张的只是创造的生活、心灵的自由、国际的和平、教育的改造、爱的实现。但他们说他是帝国主义的间谍、资本主义的助力、亡

---

[1] 倪培耕编选《泰戈尔集》，上海远东出版社，2004年第2版，第363页。
[2] 徐志摩：《太戈尔来华的确期》，载韩石山编《徐志摩全集》第一卷，天津人民出版社，2005年，第344页。

国奴族的流民、提倡裹脚的狂人！"[1] 至于将泰戈尔讲学说成是研究系因在"科玄之争"中失败，特意请他来为自己打气，胡适便不认同，他挺身而出，为之辟谣，自然是最为有力。他说，"这话是没有事实的根据的"，因为泰氏代表联系访华事在论战发生之前。"我以参战人的资格，不能不替我的玄学朋友们说一句公道话"[2]。

与陈独秀诸人的抵制形成鲜明对照的是，日本与苏联的驻华使馆却竞相邀请泰戈尔访问本国。1924年5月10日，日使馆派人访泰氏，说："中国既无人了解君，君何必久留此地？"[3] 次日下午，泰氏应邀访苏联使馆，后者的代表极表欢迎访苏，并谓："就政治上说……本国对于世界被屈服之民族，极愿加意提携。且年来受西方物质文明之损害，亦复不少，实有共同合作之必要。就学术上说，则俄之托尔斯泰，在十九世纪早唾弃物质文明，实与东方精神文明之旨相契合

---

[1] 徐志摩：《泰戈尔》，载《徐志摩全集》第一卷，第444、445页。
[2] 《泰戈尔在京最后的讲演》，《晨报》1924年5月13日。
[3] 《泰戈尔第二次讲演》，《晨报》1924年5月11日。

一、"五四"前后外国名哲来华讲学与中国思想界的变动

云云。"[1] 日本的态度可不置论,但苏联对泰戈尔的态度与主张"以俄为师"的陈独秀诸人的态度,大相径庭,岂非耐人寻味并足资反省?

至此,不难看出,陈独秀提出的国民革命当团结"非革命"知识分子,结成思想界联合战线的重要思想,并没有坚持到底。他组织抵制泰戈尔的活动完全违背了自己这一正确的主张。上述邓中夏的偏激自然也不是偶然的了。事实上,从总体上看,其时陈独秀关于建立思想界联合战线的思想远未成熟,上述几篇文章的表述反反复复,模棱两可,都反映了这一点。实际上,他只钟情于和胡适等的联合,这不仅因为后者本来就曾是共同发动新文化运动的"战友",而且还在于他相信唯物史观与实验主义有共同点(事实也是如此),在反对封建思想与军阀统治中可以合作。邓中夏也说,二者"是真新的,科学的"[2],尽管前者较后者远为彻底。他们始终对梁启超诸人抱有戒备心理,也不仅因为后者的研究系背景,而且还在于他们主张"东方文化",被目为代表封建思想。故邓中夏所谓"在现在中

---

[1] 《泰戈尔有意游俄》,《晨报》1924年5月15日。
[2] 邓中夏:《中国现在的思想界》,《中国青年》第6期。

国新式产业尚未充分发达的时候，劳资阶级尚有携手联合向封建阶级进攻的必要；换过来说，就是代表劳资两阶级思想的科学方法派和唯物史观派尚有联合向代表封建思想的东方文化派进攻的必要"的见解，[1] 同样反映了陈独秀的思想。其思想的自相矛盾，只能说明他甫转向马克思主义，还不可能正确地运用阶级斗争理论分析中国现状和避免误区。

事实证明，陈独秀等人抵制泰戈尔的偏激做法，不仅没有结果，而且还使得他们原先设想的与胡适诸人联合的愿望，也进一步落空了。胡适从一开始便不接受陈独秀的善意。他后来回忆说，"从前陈独秀先生曾说实验主义和辩证的唯物史观是近代两个最重要的思想方法，他希望这两种方法能合作一条联合战线。这个希望是错误的"，因为二者"根本不相容"[2]。在泰戈尔来华前，陈独秀曾约请胡适为《中国青年》反泰戈尔专号写一篇文章，但遭到了拒绝。[3] 胡适对抵制泰戈尔的做法甚为不满，在泰戈尔于青年会做第二次

---

[1] 邓中夏：《中国现在的思想界》，《中国青年》第6期。

[2] 胡适：《介绍我自己的思想》，载《胡适全集》第4卷，第658页。

[3] 《陈独秀书信集》，新华出版社，1987年，第387、388页。

一、"五四"前后外国名哲来华讲学与中国思想界的变动

讲演开讲之前,他先警告反对者说,"外间对泰戈尔,有取反对态度者。余于此不能无言。余以为对于泰戈尔之赞成或反对,均不成问题。惟无论赞成或反对,均须先了解泰戈尔,乃能发生重大的意义。若并未了泰戈尔而遽加反对,则大不可。吾昔亦为反对欢迎泰戈尔来华之一人,然自泰戈尔来华之后,则又绝对敬仰之",因为作为印度的最伟大人物和文学革命的倡导者,其革命精神值得青年取法。[1] 在泰戈尔在京最后一场讲演会上,胡适再次陈词,对上一次讲演会上有人散发传单极表愤慨。他说:散发传单本身违反了言论自由,因为自己不同意就要赶客人走,"那就是自己打自己的嘴巴。自己取消鼓吹自由的资格。自由的真基础是对于对方的主张的容忍与敬意"。泰戈尔的人格、文学革命的精神和他领导的农村合作运动,都已令吾人敬意。即此不讲,其个人人格、人道主义精神、慈祥的容貌,也都足以令吾人十分敬仰了,何以要如此无理呢![2] 胡适、蒋梦麟诸人原先都不赞成接待泰戈尔,但现在却都与梁启超等人站在一起,共

---

[1] 《泰戈尔第二次讲演》,《晨报》1924年5月11日。
[2] 《泰戈尔在京最后的讲演》,《晨报》1924年5月13日。

同热情接待前者；陈独秀、邓中夏想联合胡适等以进攻梁启超诸人的想法，最终也事与愿违。

不过，也应看到，对新诞生的中共来说，学会以马克思主义正确指导中国革命，是一个艰难曲折的探索过程。中共二大提出关于"民主的联合战线"的思想和主张，固然开其后统一战线思想的先河，但远未成熟；其运用阶级斗争理论分析国情出现偏差与不协调，并不足奇。换言之，上述的失误，并不影响她提出建立思想上革命联合战线主张所具有的重要意义。这包含两层意思：其一，其时中共提出建立思想上革命联合战线的主张，实际上具有更加丰富的内涵，并且在实际上取得了促进国共合作与推进国民革命的积极成效。这是需另文讨论的问题。其二，中共发动的对泰戈尔的批判，固然有失偏颇，但它在广大青年中进一步高扬了反帝爱国的革命热情，也是应当看到的。此外，作为党的主要负责人，陈独秀后来犯错误，主要是表现为政治上主张妥协退让的右倾，而这里在思想战线上表现出的却明显是"左"倾。这反映了他在思想上的矛盾性。然而，无论如何，泰戈尔作为最后一位名哲讲学者的遭际，却又具有象征的意义：它再

一、"五四"前后外国名哲来华讲学与中国思想界的变动

次突显了"五四"前后外国名哲来华讲学与中国思想界变动间,始终存在的深刻联系。

(五)结语

欧战后,东西方各自都面临着"重新估定一切价值"的时代。在此特殊的语境下,外国名哲应邀来华讲学,其层次之高,人数之多,延续时间之长和影响之广泛,都使之成为欧战后西学东渐的文化壮举。

名哲讲学的影响是多方面的,包括对所涉及的教育、哲学、诗歌诸领域的影响在内,但其中既深且远者,无疑在于对中国思想界的影响。郭湛波于1934年出版的《近五十年中国思想史》中,就已指出了这一点。他说:"中国近五十年思想最大之贡献,即在西洋思想之介绍。""这些介绍对于中国近代思想影响甚大,尤以杜威、罗素之来华讲学。此外如德国哲学家杜里舒之一九二二年讲学,印度大诗人、哲学家太戈尔之一九二三年之来华讲学,都给中国思想上不少的

痕迹。"[1]不过,他的结论尚嫌抽象。实则,具体说来,主要有三:

其一,名哲讲学在全国范围内,进一步有力地营造了追求新知与开放的社会氛围,从而扩大了新文化运动的影响力。由于组织者精心安排,名哲讲学借助演坛、报刊与出版等多样化形式,其整体效应被尽量发挥到最大化。以杜威为例,他在华两年两个月,共做大小讲演不下200次,遍及奉天、直隶、山西、山东、江苏、江西、湖北、湖南、浙江、福建、广东11省。1920年8月晨报社推出《杜威五大演讲》,一年内印行13版,有10万多册。其后复多次重印。此外,还出版了《杜威三大演讲》《杜威在华演讲集》《杜威罗素演讲录合刊》等多种演讲录。其余各种小演讲录,依胡适说法,更是"几乎数也数不清楚了"[2]。孟禄讲学仅3个月,足迹却遍及北京、上海等9省18个市,调查了200多处教育机构与设施,其间,应邀讲演60多场,并参与各种座谈与讨论。同时,也有《孟禄讲

---

[1] 郭湛波:《近五十年中国思想史》,山东人民出版社,1997年,第282页。
[2] 胡适:《杜威先生与中国》,载《胡适全集》第1卷,第360页。

一、"五四"前后外国名哲来华讲学与中国思想界的变动

演集》及《孟禄的中国教育讨论》等专书出版。此外，名哲讲学多受到各省督军或省长等最高当局的高规格礼遇，也大有助于提升它的社会影响力。百如在谈到杜威讲学将产生积极和重大的社会效益时，这样写道："我们在国内的人，居然有机会把世界第一流的学者请了来，听他的言论，接近他的声音笑貌，这样的幸福是不容易得的。他所说的，我们多数人或者未必全能领会和了解，但在'观感之间'所得到的，也就不少了。"在社会新旧思潮冲突之际，"这时候有一个大家尊仰的'论师'在我们中间，新思想就得了一个很好的指导，很有力的兴奋。顽旧的人，能听听这样名哲的议论，或者能受些感化，换些新空气，也未可知"[1]。他的判断是客观的，而持续6年之久的5位名哲讲学所产生的整体社会效益，自然会更加有力地扩大了新文化运动的影响。

其二，名哲讲学与中国思想界间产生了积极的互动。名哲讲学在助益国人思想深化的同时，也促进了中国思想界的分化与演进，终至为"五四"后新文化

---

[1]《美国教育者杜威》，《晨报》1919年5月14日。

运动的发展及其归趋服膺马克思主义和"以俄为师"的历史进程，打上了自己的印记，固然反映了这一点；罗素对中国问题的思考，前后巨变，其所以能超越自我，显然也得益于对中国思想界自身活力的积极吸纳。而杜威的学生刘伯明则认为，杜威缘于对中国文化精神的进一步理解，不仅助益了他反省"美国之精神"的自觉，而且在一定程度上也修正了自己的学说："然其于此不啻将其平素主张之哲学，加一度之修正也。"[1]这些都反映了外国名哲与中国思想界的互动。

其三，名哲讲学在西学东渐史上的意义。近代欧风美雨沛然而至，早期多赖传教士，甲午后则更多是赖留学生假道日本引进。前者虽为西人，但层次低，且受宗教的局限，影响有限；后者影响虽大，贩自日本，又不免于耳食之言为多。欧战前后，国人多转而留学欧美，得登堂入室，以眼见为实。这是西学东渐史上具有重要意义的转折。需要指出的是，名哲讲学适逢其时，大大地深化了此种转折的内涵。杜威、罗素这样一批具有国际影响力的欧美重要学者（泰戈尔虽为

---

[1] 刘伯明：《杜威论中国思想》，《学衡》第5期，1922年5月，第5页。

一、"五四"前后外国名哲来华讲学与中国思想界的变动

印度学者,却有同样的意义)先后集中来华讲学,以现身说法,向国人讲述他们身在其中的社会及其现代思潮的变动,并对中国社会的改革运动提出各自的建议;这对于国人来说,不仅也是一种"眼见为实",而且别具魅力。名哲讲学异同互见,各成一家之言,它让国人进一步看到了"西学"自身的多样性。而罗素对于苏俄,既有肯定,又有尖锐的批评,甚至不惜"以今日之我否定昨日之我",对自己关于中国道路问题的见解最后作出了带根本性的修正;这固然引起了国人的激烈争论,但同时却又令国人不仅看到了罗素的真诚,而且更重要的是,进一步理解了西方学理与中国现实间的差异,以及中国人在学习西方过程中,学会独立选择的极端重要性。所以,从西学东渐史上看,名哲讲学助益了"五四"后中国思想界归趋更加理性的发展方向,同样是显而易见的。

"五四"前后是近代中国思想发展的重要转折点,名哲讲学为之注入了新鲜的思想活力,从而助益了中国近代历史的发展。名哲们也许并不自知,但近代的中国历史却记住了它。

二、从"五卅"到"三一八"：中国的知识界
——以北京、上海为中心

（一）引子

五卅运动是国共推动国民革命的起点，翌年夏间北伐战争爆发，最终掀起了国民大革命的洪波巨澜。但还应当看到，"五卅"后不到10个月，三一八运动继起，更进一步促成了北伐战争。因之，可以说，从"五卅"到"三一八"，是在更加完整的意义上构成了国民大革命的序幕。

学术界对这两场运动都不乏研究，但多集中于作为运动中坚的学生运动，而于整个知识界则关注不足。

二、从"五卅"到"三一八":中国的知识界

实际上,二者都不仅仅是单纯的学生运动,它们所以能形成震惊中外的规模与声势,也不仅仅缘于国共的推动;两场运动都是国民广泛参与的社会政治运动,在强大的民族主义激励下,工商学等各界力量的联合,为之提供了深厚的社会基础,其中,于中国社会深具影响力的知识界的加盟,举足轻重。在各界联合战线趋于解体的三一八运动中,这一点愈加突显。所以,离开了对其时知识界的考察,我们对于这两场运动整体的理解与把握,就难以深化。不惟如是,这场大革命的序幕,也恰恰为我们考察中国知识界(知识阶级)在历史转折关头的思想分野及其不同的趋向,提供了独特的视角。

在20世纪20年代,"知识阶级"和"知识界"是通用的两个概念,彼此可以互代。[1] 本文所以使用"知

---

[1] 例如,汤尔和在《不善导的忠告》文中既说"头脑不冷静的,就要算知识阶级……",又说"知识界的人们,差不多有死之心……"(《晨报》,1925年6月23日)。林语堂撰《请国人先除文妖再打军阀》,回应周作人的《恕府卫》,后者讲的是"知识阶级",但他却说"我所要讲的是今日知识界的分裂问题"(《京报副刊》,1926年4月4日,第2版)。蒋梦麟的《知识阶级的责任问题》一文,同时又说"我们承认知识界应负研究实际政治问题的责任"(《晨报副刊》六周年纪念增刊,1925年,第11页)。

识界",而不用"知识阶级",主要是基于以下的考虑:其一,依当下的理解,"知识界"显然是较"知识阶级"为小的概念,这便于明确本文探讨的对象;其二,本文所谓的"知识界",主要指教育界(不包括学生在内)与新闻界。这与蒋梦麟将知识阶级定义为"各界中于学术有兴味者",其主体是教育界与出版界不同;与周作人强调他所谓的"北京知识阶级"乃指"名人学者和新闻记者"[1],则是相通的。于此,又需指出以下几点:(一)教育、新闻两界都是当时运动的重要推动力,不容轻忽。陶孟和认为,"五四"后的教育成了一种势力,原本无足轻重的教育界一跃成为政治、外交、军事、财政、政党等一切活动的重要枢纽[2]。新闻界掌控舆论,其社会影响力同样巨大。作为两大惨案发生地的上海与北京,教育新闻两界的发达程度和实际影响力,均堪表率全国,二者联手之举足轻重,更不难想见。(二)同样重要的是,当时的教育界尤其是大学的教授,多

---

[1] 蒋梦麟:《知识阶级的责任问题》,《晨报副刊》六周年纪念增刊,1925年,第9页;岂明(周作人):《恕府卫》,《京报副刊》1926年4月2日,第1版。

[2] 陶孟和:《现代教育界的特色》,《现代评论》一周年增刊,1926年,第33页。

一身二任，往往同时也兼充国内重要报刊的编辑者或撰稿人，故教育新闻界具有人脉上的统一性。我们只需看看《现代评论》《语丝》《猛进》等周刊多出自北京大学教授之手；《晨报》《时事新报》《京报》等大报，也都不乏学者名流的身影，而张东荪、潘公展等著名报人则列名于上海教职员联合会，便不难理解这一点。在时人眼里，"知识阶级""知识界"的提法，多不包括学生在内；丁文江所以要在《高调与责任》中特别声言"学生以外的知识阶级"[1]，那是为了突出自己对积极支持学生运动的京沪知识界的强烈不满。本文持同样观点。

（二）从陈独秀的愤激到孙伏园"苦痛中的快乐"：新闻界的奋起

自有了现代的报刊之后，近代任何重大社会运动的发生与发展，都不可能没有新闻界的参与和借重于它的舆论推动。也唯其如此，在五卅运动中，报刊新

---

[1] 丁文江：《高调与责任》，《晨报》1925年6月19日，第3版。

闻界的作为，自然首先成为考察知识界的一个重要维度。

五卅惨案是帝国主义侵华的产物，具有必然性；但作为重大事变本身，又具突发的性质。报刊新闻界对其反应有一个从惊恐漠然，到愤然而起的短暂转变过程。上海作为半殖民地的城市，报界虽称发达，舆论却是控制在西报手里，言论并不自由。惨案发生前不久，孟和在《在上海的几个印象》中即指出，"上海已不是中国人的都市"，"上海的中国大报纸并不代表上海的舆论，至少也不能影响上海的舆论"[1]。惨案发生后，西报一味渲染所谓民众的"排外""赤化"，对于华人揭露真相的文章一律拒载。故有人只好将文章匿名寄到数千里外的北京发表。[2] 上海日报公会通告沪上各报馆开紧急会议讨论惨案问题，但意见不一，会后由《申报》将公告小样送各报同时发表，最终竟无一家肯登。[3] 实际上，自顾正红案以来，各报都噤若寒蝉。1925年5月31日，上海各报对惨案虽有报

---

[1] 《现代评论》第1卷第12期，1925年2月28日，第12页。
[2] 伏园：《游行示威以后》，《京报副刊》1925年6月5日，第8版。
[3] 《上海报之可怜》，《京报》1925年6月3日，第3版。

二、从"五卅"到"三一八":中国的知识界

道,但都无非口将言而嗫嚅。所以,《国闻周报》有文评论说:"这几天上海人心的激昂和报纸的冷静,几几乎是反比例。""上海报界之冷静,正和乡下人不敢得罪乡绅们的情形一样,却是越可见静穆的悲哀,才真是彻骨的苦痛。"[1]而陈独秀的愤激也不无道理:"全国的报纸,除青岛《公民报》外,不曾替被杀的工人说半句话。顾正红被杀时,上海各报馆听了工部局的命令,连许多事实都不敢登载。即至现在大马路两次惨杀,上海各报仍是没有一点热烈的批评,连国民党的机关报——《民国日报》也是这样……真令人认识中国新闻界的人格了!"[2]他因之感慨,中国民族运动中最勇猛的先锋,唯有热血可敬的学生。

但是,需要指出的是,5月31日,潘公展、戈公振等在上海记者联欢会例会上,除报告案情外,即临时动议一致表示公愤。会议最后推陈布雷、张静庐、戈公振等致电外交部上海交涉员力争,又致函各地新

---

[1] 政之:《静穆的悲哀》,《国闻周报》第2卷第21期,1925年6月7日,第1页。

[2] 陈独秀:《日本纱厂工潮中之观察》,转引自林茂森等编《陈独秀文章选编》下,生活·新知·读书三联书店,1984年,第60页。

闻记者采取一致行动。[1] 自6月1日起，沪上报纸开始竞相以大篇幅报导惨案真相及全国各地罢工罢课罢市的抗议浪潮，形成了浩大的舆论声势。这表明新闻界开始走出了"静穆的悲哀"，积极投身到轰轰烈烈的五卅运动之中。只需查看《申报》与《时事新报》1日的时评，便不难发现，前后相较，两家报纸的态度已不可同日而语。其实，这并不足奇。当时有人感叹中国人从未像现在这样能齐心协力："这回的运动普遍性了，好像有一种不可思议的力在暗中帮助似的。"[2] 这种所谓"不可思议的力"，就是民族主义。张国焘曾回忆说："也许有人只知道五卅运动的蓝图，是中共所预拟的，但我却认为民族主义的影响，即对中共本身说来，也是超过一切的。"[3] 英帝国主义者不仅制造了五卅惨案，而且在随后几天中，复肆无忌惮连续制造了新的流血事件，这犹如火上浇油，令国人强烈的民族主义愈益迸发，不可遏止。强大的民族主义影响力，

---

[1] 《南京路发生惨剧后之昨日形势》，《申报》1925年6月1日，第13版。

[2] 伏园：《救国谈片》，《京报副刊》"上海惨剧特刊"，1925年6月13日，第1版。

[3] 张国焘：《我的回忆》第二册，现代史料编刊社，1980年，第30页。

二、从"五卅"到"三一八":中国的知识界

对于新闻界绝大多数同人来说,同样"也是超过一切的"。同时,上述也表明,西报操纵上海舆论掩盖真相的局面,被打破了。

由于地缘关系,北京主要报纸于1925年6月1日才开始报道惨案发生的消息,较上海报纸晚一天,但从一开始便较后者为愤激。《京报》1日据路透社电报道五卅惨案失实,[1] 次日,社长邵飘萍亲撰社论《外人枪杀学生多名巨案》,予以辩驳澄清:"试问以手无寸铁之学生,何从能有抵抗暴动之事实?"彼英日通讯机关,"竭力为租界外人担任造谣诬蔑之工作",所谓"排外""暴动""赤化",无非"强盗帝国吞噬人类之术语","幸各国勿为英日所愚"[2]。3日,他再发社论《帝国主义者激成大风潮而后愿国民注意根本问题》,较许多人更早尖锐指出,学生是为不平等条约而牺牲,故"须知共戴天之仇,亡国灭种之敌,即此不平等条约是也"[3]。这引起了外人注意,故有天津《华北明星

---

[1] 《京报》所据路透社上海30日、31日电与日本东方社上海30日电,都强调因学生排外与暴力,租界巡捕被迫开枪,严重歪曲事实真相。见该报1925年6月1日,第2版。
[2] 《京报》1925年6月2日,第2版。
[3] 《京报》1925年6月3日,第2版。

报》发表《京报袒护暴动学生》一文,对邵飘萍施以攻击。[1]《晨报》6月1日发表社论,题为《惨无人道之英人》,义正辞严。3日又发表社论《举国一致对英日》。11日的社论《再告各友邦》,则径直提出了要求各国废除不平等条约,"还我国固有之国权"的主张。[2]《晨报》不仅比同属研究系的上海《时事新报》激进,而且它的许多新闻报道,写得深入、感人和富有气势,即在当时众多的报刊中也是独具特色的。6月8日的报道《全城若狂之各界雪耻运动》,记者着墨不多,却将京城已成悲愤的不夜城之画面,清晰呈现于读者之前。11日,它又用第3版几乎整版的篇幅报道10日北京的国民大会,总标题是:《市民二十万人齐集天安门:空前悲壮之国民大会;万众感泣之示威运动》,文中第一小标题为:"廿万人齐下泪"。全文复配以天安门会场大幅照片。饱醮悲情的笔触与庄严盛大的大会场景合成一种特有的画面,令人感佩动容,即在今天读来,也依然能感受到历史的冲击力。《语丝》《现代评论》与《猛进》,分别都是北京大学教授编辑的著名

---

[1] 飘萍:《外国绅士暴徒》,《京报》1925年6月5日,第2版。
[2] 勉:《再告各友邦》,《晨报》1925年6月11日,第2版。

二、从"五卅"到"三一八":中国的知识界

周刊,它们都为这场运动做出了自己的贡献。《京报副刊》主编孙伏园评论说:"《猛进》里面的社员在各方面做实际的活动不消说了。除了实际活动及撰文评论鼓吹以外,他们还在各街上遍贴大字布告,劝人速向正金汇丰银行提存兑现,并隔两日出一沪事特刊等等。《现代评论》里也有许多时事短评,社员做实际活动的更不少。"他特别提到,《语丝》向来重思想评论,对于一般报刊以为政治社会大问题而于思想无大关系者,大抵不加评论;但"这回却破例",积极投身其间,"我们可以想见上海事件对于我国前途的重要了"[1]。需要指出的是,《现代评论》受人诟病,主要原因在于太过"公允""平和",但实际上其民族主义情怀,一样难以掩抑。对于北京国民大会,它的短评写道:"这次天安门的国民大会,不独是北京市民莫大的光荣,并且是中国人心未死的一个铁证。""普通市民扶老携幼在大雨中整队游行,勇气百倍,道旁观众为之感泣,

---

[1] 伏园:《救国谈片》,《京报副刊》"上海惨剧特刊",1925年6月13日,第1版。

我们对于如此热心爱国的民众，表示十分的敬意。"[1]如此真诚的敬意，表明作者与编辑业已深深地融入了爱国运动之中，后人当有同情的理解。

上海与北京新闻界都成立了沪案后援会，以团体形式分别加入两地的爱国运动。以下两方面的工作，体现其自身的特点与优势，是必须提到的：

其一，主动与爱国学生联手，编辑多样化的特刊或书籍，以扩大宣传。

在这方面，《京报》与《晨报》最有成绩。清华大学学生会以"唤醒民众，抵抗英日"为目的，编有日刊《上海惨剧》。刚出一期，《京报》社长邵飘萍和副刊主编孙伏园便主动提议，从6月8日起由《京报副刊》刊发《上海惨剧特刊》若干号，仍由清华大学学生会编辑。从该月18日起，复改为每周一、三、五出《上海惨剧特刊》，二、四、六则出北京大学学生会主撰的《沪汉后援特刊》。随后，它又先后刊出了分别由学生救国团和女师大附中学生会分别主撰的《救国特刊》和《反抗英日强权特刊》。7月28日，再出北京大学

---

[1] 光：《慷慨激昂的北京国民大会》，《现代评论》第2卷第27期，1925年6月13日，第1页。

二、从"五卅"到"三一八":中国的知识界

学生会编辑的《北大学生军》。在不长的时间里,能先后与多校学生联手编辑多样化特刊者,唯有《京报》;而《京报》自身另有耗资巨大的《沪案特刊》,为惨案照片专集,连续出了三期,"使内外同胞,触目惊心,促成极大之反响"[1],足见其魄力与用力之甚。《晨报》虽然只与北京师范大学学生会合作编辑《沪案专号》,但它除成立"租界调查处",收集上海租界及会审公堂"各种黑暗事实,备作交涉资料"[2]外,还与清华大学学生合作编辑《五卅痛史》一书,于7月下旬由晨报社公开出版。是书约20万字,收集相关资料百余种,是当时有关惨案资料最全的一本书。从编辑到出版,前后不足一个月。其高效率固然彰显了编纂者的良苦用心,而本书兼具现实与历史的重要价值,同样是显而易见的。有名的大报主动与学生联手编辑特刊与专书,对学生是极大的支持、鼓励与提升,但更重要的是,它体现了知识界与学生爱国运动的密切合作,扩大了宣传声势。

---

[1] 本报总编辑特启:《首都大流血写真,京报特刊预告》,《京报》1926年3月22日,第1版。
[2] 《本报搜集租界黑暗事实》,《晨报》1925年7月6日,第7版。

其二,高扬民族主义,彰显新闻界的民族气节。

新闻界不仅很快走出了"静穆的悲哀",而且随着运动的迅速扩大,自觉高扬民族主义,彰显了自身可贵的民族气节。当时英日新闻界对于五卅运动的报道,多肆意歪曲真相,造谣惑众。6月底,日本记者访华团到京,北京新闻界沪案后援会代表在欢迎会上致辞,立场十分鲜明,他说:五卅惨案中杀人的虽是英国人,但导火线却始于日本人。故中日记者应携手维护人类共同的尊严。我们对在座日本记者的最低要求是,"要和我们一齐去宣传这一惨杀真相和公允的批评",只有这样才足以使中国人"相信素唱亲善论调的日本,不是虚伪的,假造的,是真意的,诚恳的,因为使我们可以看见了亲善论调的铁证"[1]。在座谈中,日本记者布施知足提出:沪案真相未明。中国必须借鉴日本,要知道在自己修明内政前,欲修改不平等条约是不可能的。中方国民通信社记者罗敦伟起而反驳,说:中国内政之所以不能修明,障碍恰恰在于不平等条约的束缚。条约如得修改,中国内政自有向上之机会,"此

---

[1] 北京新闻界沪案后援会:《致日本记者团词》,《京报》1925年6月30日,第7版。

二、从"五卅"到"三一八":中国的知识界

则希望友邦记者,勿倒因为果"。沪案真相早已大白于天下,"勿以真相不明为言,因循复因循,反使真相为对方宣传所混淆也"[1]。在日本帝国主义气焰嚣张的当时,中国新闻界代表能如此旗帜鲜明和理直气壮地表明自己的立场,并毫不妥协地反驳对方同人的谬说,实属难能可贵。无独有偶,与此同时,有伦敦《泰晤士报》驻京记者福瑞斯致书中国学界,提出现在事件真相未明,还谈不上追究责任问题。他质疑五卅运动仅是学界少数人所为,无非以此为废除不平等条约的手段,目的只在仇视英人罢了。为此,京报社长邵飘萍发表《致伦敦泰晤士报驻京记者愿其警告英国政府》一文,予以严正驳斥。他指出:记者将这场运动说成"仅系学界为其主动","实已陷于根本错误",他但见学界发表文字较多,不知运动乃缘于英人之残杀激起了中国人普遍的愤慨;至于将运动说成仅是废除不平等条约的一种手段,更无非是"倒因为果"[2]。

上述固然都是北京的事例,但沪上同人,也不遑多让。1925年7月初,上海各英文报刊连续刊载英外

---

[1]《中日记者谈话纪录》(续),《京报》1925年6月30日,第7版。
[2]《京报》1925年6月27日,第2版。

相张伯伦在下院的演说词及《赤化之有害于中国》一文,两文前都冠以特大字号的"诚言"二字,意谓:中国当下的运动是受共产党操纵,劝中国人当反对共产主义。与此同时,上海工部局不惜以高价诱惑极个别华人报刊登载《诚言》广告,[1]《诚言》招贴更遍布上海各通衢要道,一时颇引人注目。这反映了英人急于扭转上海于己不利的社会舆论,但其结果,却是弄巧成拙。7月8日,《时事新报》发表时评指出:共产党活动遍各国,不足为奇。"但共产运动是一事,五卅惨杀所激成之怒潮为又一事。外人以此并为一谈,实属厚诬"。在各国放弃对华不平等条约之前,此种所谓反共的"诚言",绝无效果。最后,评论反唇相讥说,今外人在沪到处张贴《诚言》,实属徒劳之举,不如改贴于伦敦大街,易其言曰:"诚言:欲免中国之赤化,以废除不平等条约为前提。"[2]刊登《诚言》广告的两家报纸,引发众怒,被同行斥为"贪利忘义至于此极"[3],

---

[1]《申报》《商报》于1925年7月11日各登载了上海工部局的《诚言》第1号,每月得广告费5000元。(惠之:《杂谭》,《文学周报》第183期,1925年7月26日)

[2] 公弼:《诚言》,《时事新报》1925年7月8日,第3版。

[3] 惠之:《杂谭》,《文学周报》第183期,1925年7月26日,第96页。

二、从"五卅"到"三一八":中国的知识界

最终在舆论与同行的"罢报"制裁下,被迫公开道歉、刊文辟谣和接受罚款。这些都有力地打击了英人的气焰。惨案发生时,积于工部局的威权,上海报刊多不敢言,以今视昔,相去何止以道里计!客观地说,上述陈独秀愤激质疑新闻界的人格何在,至此当可释怀矣,尽管这并不意味着它没有继续可议之处。

6月7日,五卅即惨案发生一周之后,老报人孙伏园不无兴奋地写道,"这几天的报纸上,一版,两版,三版……载满了上海事件的新闻",列强可以在我国土上随意杀人,这令我痛苦,"但是,我却在无意中得到了苦痛中的快乐,这就是报纸上原有的关于内争的新闻几乎没有了","这不是大快人心的事吗?"[1] 他不是不知道没有内争的新闻,不等于没有内争的事实,但他仍感到"苦痛中的快乐",原因即在于,他欣慰地看到了工商学各界终于第一次携手结成了反帝统一战线,而作为知识界重要一翼的新闻界,则全力以赴投身运动,为国人的抗争提供了至关重要的舆论阵地。

---

[1] 伏园:《此后的中国》,《京报副刊》1925年6月7日,第1版。

（三）知识界的独特作用与影响

"五卅"后，各地声援团体纷起，若雨后春笋，京沪教育界尤为活跃。

上海教育界一开始是江苏省教育会最显活跃。"五卅"当天，它即致电江苏省长，要求向工部局严重交涉，以平民愤而保国权。5月31日，其又致交涉公署函，重申这一点。6月2日，由它发起成立了各校教职员联合会，是为上海教育界在运动中最初成立的教职员团体，包括上海大学、复旦大学等近40所学校在内。徐谦、张君劢、张东荪、朱经农、刘海粟等名流参加，"各派的人都有"[1]。但江苏省教育会很快便趋消极。各校教职员联合会初由徐谦为主席，后稳健派担心过趋激烈，即行改组，推张君劢为主席。这引起部分激进的教职员不满，沈雁冰、杨贤江等另成立了教职员救国同志会。前者以学校为单位，后者则是以个人为单

---

[1] 沈雁冰：《关于教职员救国同志会的回忆》，载上海社会科学院历史研究所编《五卅运动史料》第二卷，上海人民出版社，1986年，第328、329页。

二、从"五卅"到"三一八":中国的知识界

位,多为年轻的中学教职员。两会并存,为沪上教育界主要的团体。

北京教育界向来颇具势力,国立八校,私立五校,中小学校,都各有组织。6月初,由包括公、私立及教会学校在内的140多所大中小学组成的北京各校校长教职员联合会,发起成立北京各校教职员沪案后援会联合会(下简称"教援会"),推清华大学校长曹云祥为主席,与学生各校沪案后援会(下简称"生援会")相对应。该会是北京教育界的中坚社团,由它发起成立的北京各界联席会议,更是北京最具影响力的跨界联合体。京沪相较,有一明显差异:在上海,由总工会、学联会、全国学总会、各马路商界联合会、总商会五团体组成的工商学界联合会,是运动的领导核心;但是,北京由于工商界滞后,却没有出现类似上海工商学界联合会这样的核心机构,教职员与学生的团体构成了两大主力,二者携手共同推动了运动的发展。

教职员投身爱国运动,其热情与真诚,多令人感动。各校办学经费长期短缺,"五卅"前夕为金佛郎案项下经费的分配问题,各国立学校曾争得不亦乐乎,是人所共知的。与此相应,欠薪严重,教职员生活艰难。

但惨案发生后,不仅各校教职员纷纷捐薪,即各校当局也一反常态,形成共识,主张教育界共同捐出部分教育经费。北京教育界议决,主动要求财政部将第二批金款教育费50万元项下,拨出25万元支持上海罢工。[1] 东南大学教授会则通电学校驻京代表及北京国立八校等京内外各校,提议:将金佛郎案项下150万元,移充救济失业工人。为表示诚意,通过驻京代表,谒教、财两部,"请先将本校此次应领之四万余元,立即汇上海中国银行,转上海总商会,以便支配救济"[2]。无论最终结果如何,一度陷入内部纷争的东南大学教授会能作出这样的义举,足见其深明大义。上海美专则举办书画义展,包括康有为、吴昌硕、刘海粟、章太炎等名家佳作在内,应征作品多达4000余件。同时,还请本校校长刘海粟,教授潘天寿等5人卖画1月,"所得悉数捐助工人"[3]。许多学者平日埋首故书,

---

[1]《政府接济沪案款之质疑》,《申报》1925年7月13日,第6版。

[2]《东大教授建议以金款救济失业工人》,《申报》1925年6月29日,第10版。(北京大学教职员也有同样提议,后考虑教育界自身亦很困难,遂改为提捐10万元。参见《北京大学日刊》1925年6月16日)

[3]《美专学生举办救济五卅事件书画展览会》,《申报》1925年6月17日,第3张(11)。

二、从"五卅"到"三一八":中国的知识界

心无旁骛,现在却主动走出书斋,或撰文呐喊或与学生一起走上街头参加示威游行。孙伏园说,钱玄同先生"以一个极端主张思想自由的学者",这回也出来撰写评论,提倡反对帝国主义,"做起'国民十足'文字来";"其他如顾颉刚先生向来是线装书,线装书,线装书里面钻着",关心的只是学术,这回却出其研究民俗的学力,动手撰写通俗易懂的传单,实让人肃然起敬。[1] 其实,顾颉刚还加入了北京大学学生救国团,被举为出版股主任,《京报副刊》与救国团合作的《救国特刊》共16期,就是由他主编的。他亲撰的文章约有20篇之多。[2] 一个沉湎于学术,不愿浪费一分钟时间的著名学者,竟能如此投身运动,亲力亲为,不难想见他曾表现出了多么高的热情。吴宓也是一位平日钟情学术而不问政治的著名学者,但人多不知,由晨报社与清华大学学生会共同编辑出版的《五卅痛史》一书的初稿,正是由吴宓、朱彬元两位教授指导张荫

---

[1] 伏园:《救国谈片》,《京报副刊》"上海惨剧特刊",1925年6月13日,第1版。
[2] 参见《顾颉刚日记》第1卷,联经出版事业公司,2007年,第627—768页。

麟、林同济等四位学生编辑而成的。[1]1925年6月8日,《晨报》报道"全城若狂之各界雪耻运动",内有一节标题是"大学教授同时奋起":"京中各大学教授连日为沪案纷纷集会,极为忙碌。"11日的报道"二十万人齐集天安门",内有"大学教授随队游行"一节,其中写道:是日北京大学教授参加游行者不下数十人。大雨来时,年高体弱者多相率归去,而随大队继续前行仍有多人。"当冰雹交加狂风怒吹之际,记者犹见该校教授周鲠生、徐炳昶、张竞生、李书华、颜任光等,追随示威队伍奋勇而前也。"[2]是日,钱玄同也参加了游行,他在日记中说,"今日天安门开国民大会,孔德亦加入。我于二时到孔德,与隅卿、维钧及学生数人同出散传单",至王府井,大雨倾盆,只好躲雨,"而国民大会诸公则成淋鸡矣(大世兄即其中一个),他们到外交部与执政府请愿"[3]。凑巧的是,同日吴虞在大栅栏,也正赶上了国民大会散场,他在当天日记中记

---

[1] 《五卅痛史》"凡例",参见沈云龙主编《近代中国史料丛刊》第16辑,文海出版社有限公司,1986年。

[2] 《晨报》1925年6月8日,第3版;1925年6月11日,第3版。

[3] 杨天石主编《钱玄同日记》(中),北京大学出版社,2014年,第642页。

二、从"五卅"到"三一八":中国的知识界

下了感人的一幕:"予停车让之,男女学生周身皆水湿,仍高呼经济绝交,予几为落泪。徐旭生、戴夷乘同学生步行泥途中,甚可感也。"[1]

《时事新报》记者曾报道说:"北京各界对五卅案之愤激,较沪上为尤烈。"[2]这一观察是对的,它同时即肯定了北京教育界(知识界)的强硬与激进。事实也证明了这一点:1925年6月3日,北京大学教授第一次特开紧急会议,决定致函外交总长,提出英国公使退出中国并由中国政府派军队进驻租界保护国人的强硬要求[3];7日,北京八校教职员联席会发表宣言,提出八项要求,其中,除要求政府出兵租界、严重交涉及要求惩凶、赔偿、谢罪和英日公使退出中国、对两国经济绝交等外,第一次明确提出:"对各国要求取消一切不平等条约,收回所有租界及租地,撤销领事

---

[1] 吴虞:《吴虞日记》下册,中国革命博物馆整理,荣孟源审校,四川人民出版社,1986年,第264—265页。

[2] 《北京师大代表调查沪案情形》,《时事新报》1925年7月11日,第2版。

[3] 《请关系国公使回国》,《晨报》1925年6月4日,第3版。

裁判权。"[1] 上述的这些主张实际上已经囊括了在整个五卅运动中各界所提出的全部要求[2]；不仅如此，如果注意到他们明确提出要求废除一切不平等条约，较之中共于6月5日发表的告全国民众书中提出同样主张，仅晚了两天；而北京大学教授会曾分电上海总商会及上海交涉员并外交部，表示不满意该商会将原先工商学联合会提出的对英交涉17项条件改为13项条件，有失软弱，"并说明沪案系全国问题，非上海一隅问题，警告其不得希图苟且了事，致贻国家耻辱"；北京各校教援会代表、民国大学校长雷殷到沪与各界联络也提出了同样的批评，[3] 那么人们便不能不对北京教育界之愤激与强硬，刮目相看了。

不过，包括两地新闻、教育界在内，整个知识界从一开始便在如何认识五卅惨案性质的问题上，发生

---

[1] 《八校教员之八办法》，《晨报》1925年6月8日，第3版；《北京通信》，《申报》1925年6月10日，第2版。

[2] 1925年6月9日，上海学联会议决甲乙两项要求，其全部内容几与之完全重合（《上海学生会呈蔡曾文》，《申报》1925年6月10日，第13版）。

[3] 《北京大学日刊》，1925年6月16日；雨英：《五卅后的北京民众》，《中国青年》（汇刊）第83期，1925年7月23日。当然，知识界最终对如何实现废除不平等条约，仍存在分歧。

二、从"五卅"到"三一八":中国的知识界

了分歧。

惨案发生后,梁启超、顾维钧、丁文江等8人联名发表英文宣言,6月11日,其中文本经各报发表。他们俨然以第三者的身份出现,主张由中外双方共同组成委员会,调查事件,明确责任。"要用友谊的磋商、同情的谅解、同双方的和衷来解决"[1]。在此前后,梁启超还发表了《我们该怎样应对上海惨杀事件?》《沪案交涉方略敬告政府》等一系列文章,进一步提出"范围愈小愈好","我们要认清题目,这个民愤是专对'上海英捕房'",抗争对象与范围,不能超出英国人与上海地区。他认为,能提出"根本条件,如收回租界,一了百了",当然好;但我们要价,人家也会还价,与其"漫天要账买拉倒",不如言无二价,降低价码,只提出三条:租界内华人有同等选举权,废除会审公堂,租界内各国工厂须遵守中国政府劳工法令。[2] 与此同时,王正廷、颜惠庆等人发表《欧美同学会宣言》,上海欧美同学会"五卅"后援会则致电段祺瑞政府,都

---

[1] 《梁启超等人之意见》,《申报》1925年6月11日,第2张(6)。
[2] 《晨报》1925年6月10日,第6版。《申报》同月11日第2张(6),刊登了梁启超等人的宣言,题目是《梁启超等人之意见》。

提出了相类的主张，约而言之：甲，治标：调查真相，解决沪案；乙，治本：修正中外条约。"惟此时自应先注全力，解决沪案，然后再行处置全局问题，以永奠中外亲善之基础。要之，吾人对此事变，平心观察，固不敢为过高之论调，以逞一时之意气，亦不容怀苟安之念，而但愿目前之了事。"[1] 他们虽然在理论上不否认沪案根本解决在修改中外不平等条约，但在具体操作上，复将两事作了区隔：先经联合调查解决当下事变，修约根本留待从长计议。显然，其用意在就事论事，息事宁人。这引起了学界普遍的质疑与反对。

其实，就连《晨报》主编渊泉都对所谓调查真相表示怀疑，他在《沪案尚需调查耶？》中说，事实俱有，无需调查，附和外人说法主张调查，只能是自延时日而已，岂非大愚？[2] 朱经农尽管同情梁启超，但也对胡适说，梁启超主张国际调查有失国人的人格："以中国人发表此论，不免太 disinterested（不偏不倚）

---

[1]《欧美同学会之宣言》，《申报》1926年5月12日，第5版。
[2]《晨报》1925年6月8日，第2版。

二、从"五卅"到"三一八":中国的知识界

一点,他的挨骂是不能避免的。"[1] 张荣福则进了一步,他在《怪哉梁启超》中径直指责梁文是"消极反对吾人之运动"的代表作,其恶劣作用是"授英人以机宜,使确定其关于沪案之外交方针"。他质问道:租界本为中国领土,何以不能要回,何谓漫天要价?"公理所在,事实必然,我为独立国家,焉得而不提出也。"[2] 但是,真正击中问题要害的代表作,乃是发表于6月16日《晨报》上,署名为"北大教职员同人"的《关于沪案性质的辩正》一文。如题目所示,是文一针见血地点明了问题的实质所在:"沪案不单是一个法律问题",而是"根本上是一个政治问题";"我们要根本的打破英人在中国的特权地位","会审委员会"的办法不能达到我们的目的,只会"徒然淆沪案的真相"。在作者看来,真相洞若观火,而梁启超却主张国际仲裁,这对于受害者的中国,"简直是自甘受辱":"这种不揣其本,而齐其末之敷衍枝节的办法,岂独'学界反

---

[1] 《任鸿隽致胡适》,载中国社会科学院近代史研究所中华民国史组编《胡适来往书信选》上册,中华书局,1979年,第337页。
[2] 《京报副刊》第184号,1925年6月20日,第2版。

对',一般国民又能承认吗?"[1]该文认定事件的性质是政治问题,因而其解决的根本途径,只能在于反对帝国主义与最终废除不平等条约,这里绝不容许以治标、治本为借口,将沪案解决与"根本解决"相割裂,从而偷梁换柱,将问题变成了就事论事的司法事件,祸国殃民。此文将知识界的思想分歧揭示得明快尖锐,影响甚大,其基本观点实际上很快便成为知识界的共识。19日,雷殷致函北京雪耻会,报告天津各界对沪案的愤慨时说:大家都主张必须以废除中英日不平等条约为最终目的,但在京闻政府意向,将缩小为杀人的法律问题。"信若此,则我辈数年来改正不平等条约之运动,皆为无意识。此次上海汉口同胞之死伤,皆为无价值矣。须知我辈之目的,为要求中华民族平等,为国际平等,为世界人类平等,非仅上海租界的政治问题,或杀人的法律问题而已。希望诸公,一面向政府警告,一面通电全国,一致主张,是为至要。"[2]7月中旬,北京大学教援会果然进一步推动了北京各界联合会上书段祺瑞政府,明确警告说:沪案乃政治问

---

[1] 《晨报》1925年6月16日,第3版。
[2] 《雷殷报告天津情形》,《京报》1925年6月19日,第7版。

二、从"五卅"到"三一八":中国的知识界

题而非法律问题,这一点是民意,绝不容有任何模糊或假借。[1]有趣的是,随后梁启超发表《答北大教员(沪案)》,辩解自己没说沪案单是一个法律问题,"但我确信要使法律上事实证实英人的政治上罪恶"[2]。他虽偷换概念,却在事实上承认了沪案是政治问题的重要命题。

梁启超诸人所以倾向于就事论事,息事宁人,根本一点即在于他们对于国人的爱国运动缺乏信心,故对于英国的强横主张妥协。梁启超所谓"漫天要账买拉倒",反映的正是这种心理。丁文江6月19日发表的《高调与责任》一文,更是这方面的代表作。他将国人主张反帝与废除不平等条约,都讥为唱"高调"。他说:事件本不难解决,"无奈因为全国人好唱高调",错过了好时机。我们既无力开战,自然只能谈判解决;不料"北京知识阶级"反对联合调查,"高调主张根本的政治,先废除不平等条约,收回租界",但这是短期能解决的吗?结果陷入了僵局。在他看来,除罢工外,罢市罢课与抵制英货都是无益的。他将国人高昂

---

[1] 《京各公团之沪汉粤交涉建议书》,《申报》1925年7月13日,第7版。
[2] 《晨报》1925年6月19日,第2版。

的爱国热情，说成是感情用事，甚至比作庚子年的狂热。嘲笑学生不读书，到处演讲劝捐，"不知道劝化好一百个拉洋车的，不如感动了一个坐洋车的"，学生无非上了人家的当，于事无补。丁文江最后警告国人："慎用感情，研究利害，放下理想，讨论办法，少谈主义，专讲问题。"[1] 丁文也引来许多批评。其中，6月25日林语堂发表的《丁在君的高调》，最具力度。他尖锐地指出，说到底，丁文江等有两点没弄明白：一是"不明白此次运动之真正方针在于废除不平等条约而不在沪案之结束"，所以他们与段祺瑞一样，才会说外交不难解决及叹惜错过了顶好的外交机会；二是"不明白这回运动的中心应在国民群众而不应在官僚绅士"，故他们不懂得欲达到废除不平等条约的办法，"在于唤醒民众作独立的有团结战争，不是靠外交官的交换公文"。最后，林语堂劝告丁文江："'劝化了一百个拉洋车的不如感动了一个坐洋车的'及一切反对群众运动的'高调'，是唱不得的。"[2] 林的批评，同样高屋建瓴，要言不烦。

---

[1] 《晨报》1925年6月19日，第3版。
[2] 《晨报》1925年6月25日，第2版。

末了,胡适终于出面调停。他发表《作战的步骤:读丁文江先生的〈高调与责任〉》,对梁启超、丁文江都有所批评。他将问题转换成所谓"作战步骤",提出了一个折中方案。他说,"今日不应该谈缩小范围,不应该忽略根本问题",但作战步骤可分两步:第一步解决当前问题,但"根本的解决也当同时进行";第二步再从长计议,最终解决不平等条约问题。[1] 有人评论说,胡适的折中方案是成功的,他的"手腕"即高明处,就在于不仅肯定"根本条件",而且明白地将之并入第一步交涉中,这就避免了贻人口实。"以说贴论,胡案是最实用不过的。"[2] 其实,与梁启超等相较,胡适方案只是表述策略不同而已,并无本质差异;但仍需肯定的一点在于:它以更加明确的表述方式,同样使自己的主张建立在了承认沪案是政治问题,必须以废除不平等条约为根本解决这一前提之上。这反映了胡适较丁文江明智,终究对于舆论的批评有所吸纳。

据颜惠庆日记记载,其间,梁启超、胡适、丁

---

[1]《作战的步骤:读丁文江先生的〈高调与责任〉》,《晨报》1925年6月20日,第2版。

[2] 勉:《沪案评论之评论》,《晨报》1925年7月2日,第23版。

文江等人常登门共商时局。例如，6月12日："梁启超夜间来访，他赞成进行联合调查。"[1] "赞成"一词说明，联合调查的主意可能原出于当局；而梁启超埋怨说：我们提出成立调查委员会后，却无人回应，据外交当局说，"因为学界反对，不敢提出云云"[2]，足见二者彼此事先有所沟通。6月18日："胡适来访，他主张稳健地解决问题。胡向学生们作了演讲，其主张与我们相似。丁文江与梁启超对上海事件再次发表声明，并提出了合理的解决方案。"[3] 联系到丁文江曾指责说，"高调"造成的一大损失是，由于北京知识界反对成立中外调查委员会，致"使外交当局乱了步骤"[4]，同样说明他们彼此的意见是大体一致的。所以，我们说，梁启超、胡适、丁文江诸人倾向于就事论事、息事宁人的思想主张，反映了当局的心态与要求，并非臆断。他们乐于与当政者谋妥协，这也符合研究系和自由主

---

[1] 颜惠庆：《颜惠庆日记》第二卷，上海市档案馆译，中国档案出版社，1993年，第240页。

[2] 《赶紧组织"会审凶手"的机关》，《晨报》1925年6月13日，第2版。

[3] 颜惠庆：《颜惠庆日记》第二卷，上海市档案馆译，中国档案出版社，1993年，第241页。

[4] 《高调与责任》，《晨报》1925年6月19日，第3版。

二、从"五卅"到"三一八":中国的知识界

义者的性格。但在当时民族主义空前高涨的情势下,其主张不可能有多大影响,同样也是不可避免的。当然,我们也需看到:知识界上述分歧,固然反映了一部分人面对列强,表现了不应有的软弱与妥协,但是,说到底,是同中之异,虽有是非之别,却还算不上是知识界内部的分裂,因为,坚持"根本解决"即废除不平等条约,毕竟是彼此共同的底线(当时段祺瑞政府也是如此)。这与下文将谈到的在三一八运动中知识界的内部分裂,不可等量齐观。只需指出,梁启超、胡适、丁文江诸人都积极参加了实际的爱国运动,便可明白这一点。故时人有斥梁启超、胡适诸人为"反动",或主张将之"逐出国境"或"处以极刑",都不免过甚其词。

值得注意的是,早在北京大学教职员发表上述《关于沪案性质的辩正》前,中共即于6月5日发表的告全国民众书中,明确指出了五卅惨案的根本性质:"这次上海事变的性质既不是偶然的,更不是法律的,完全是政治的。""全中国人民的生命与自由,决不能由惩凶、赔偿、道歉等虚文得到担保,只有废除一切不平等条约推翻帝国主义在中国的一切特权才能得到担

保。"[1] 尽管我们不便断言北京大学教职员的上述文章是直接受了中共主张的影响，但前者的努力促成了学界的共识，这无疑有助于推动整个运动归趋中共指引的方向，从而进一步扩大了自己的声势。

此外，虽然内部存在上述分歧，但从整体上看，由于知识界在学识素养、社会地位、组织能力、人脉关系及应世经验诸方面均非尚不成熟的学生界能比，其在运动中起到了独特和重要的作用，是不容轻忽的。以北京知识界为例，以下几方面，可谓其荦荦大者：

其一，主张单独对英，促成交涉目标的集中。

学生虽是五卅运动最重要的主体之一，但也需看到，"五卅"前校方及教职员因担心学生学业受损，对所谓学潮多持保留的态度，这多少影响了学生运动的社会声誉。"五卅"后则不同，校方多主动宣布停课、免试以支持学生运动。教职员的加盟显然提升了学生运动的社会声誉。不仅如此，由教职员带领学生向当局示威请愿，较之单纯的学生行为，力度自有不同，

---

[1]《中国共产党为反抗帝国主义野蛮残暴的大屠杀告全国民众》，载中央档案馆编《中共中央文件选集》第1册（1921—1925），中共中央党校出版社，1989年，第420、421页。

二、从"五卅"到"三一八":中国的知识界

事实上也进一步扩大了整个运动的声势。6月4日晚,北京教职员联合会决定一面协助外交进行,一面暂时停课。"此事闻于段,段亦无言。又各校长请段左右,警厅不干涉学联会开会,段左右表示容纳。"[1] 8日,北京大学师生1500多人到执政府请愿,"教职员前导,学生次之",并推蒋梦麟、王世杰等四位教授为代表。时段祺瑞已回府,接电话后急令侍从与代表乘汽车往。段祺瑞亲自接见,态度甚好,各代表认为满意。[2] 段祺瑞政府的态度固然与它想借民意稳定自身风雨飘摇的政权有关,但师生联手所产生的震慑力,他显然是感受到了。北京历次各界大规模的示威游行活动,事先多在北京大学策划,以蒋梦麟、王世杰、朱家骅等人为代表的北京大学教职员,通过教援会与各界联合会,在其中发挥了重要的组织指导作用。7月17日,各界百余团体代表为第二天举行的国民大会在北京大学召开筹备会,推易培基、李石曾、徐谦、顾孟余、周鲠生、马寅初为主席团主席。推定总指挥为马叙伦,

---

[1]《北京通信》,《申报》1925年6月10日,第2张(6)。
[2]《京各界雪耻运动坚持猛进》,《晨报》1925年6月9日,第3版。

副指挥为朱家骅。[1] 这些人均为大学教授，除了易培基与徐谦，又都为北京大学教授，就说明了这一点。

教职员投入运动，更重要的是促成了整个运动交涉目标的集中。惨案发生后，各界对外交交涉的目标是什么存在分歧。诚夫在《对英乎对日乎》中说："沪案发生以后，各界所发表之文件宣言，类皆以'英日'并列"，日本对本案当负责任是否与英国同，外交上是否当同样交涉，可讨论也。"因是之故，此项问题，乃成为日来北京社会上讨论最多争论最繁之目标。"[2] 实际上，除此之外，尚有两种不同主张：一是以中共及国民党左派为代表，主张反对一切帝国主义，一个也不放过。其理由是：帝国主义代表一种制度，是一个整体，任何缩小目标之说，都无非是"不肯相信民众自己的力量"，而幻想靠某一列强出来主持公道。这种心态只能"减杀民众革命的精神，便宜了美法日本"[3]。一是以北京大学教援会为代表，主张单独对英。

---

[1] 《北京开国民大会之前一日》，《申报》1925年7月24日，第4张（13）。
[2] 《国闻周报》第2卷第23期，1925年6月21日，第3页。
[3] 但一：《革命势力与反革命势力》，《中国青年》（汇刊）第83期，1925年7月23日，第482页。

二、从"五卅"到"三一八":中国的知识界

1925年6月20日,北京大学以全体教职员的名义致书外交总长,要求单独对英修约。[1] 7月初,北京大学教授会进一步提出《沪案交涉建议书》,请求京各团体联署后交北京政府,得到各界普遍支持。13日,北京各校教授会依此决定"明日举行全城大讲学",主旨便是"单独对英"[2]。他们认为,北京政府所以始终不愿单独对英交涉,而以公使团为对象,是怕得罪英国,有意敷衍。从整体看,单独对英实成了运动中各界的共识:7月中,北京代表洪轨在南京报告京中情形说,"交涉应单独对英,减少各方阻力"。京中各界虽分激进、稳健、折中三派,"而单独对英,则均为各派所同"[3]。然而,这又非仅限于北京:"沪案发生以来,全国示威抵制及其他爱国运动,几至于一致以对英为目标,并非偶然之事。"[4] 必须看到,北京各校教授会提议的单独对英,是以集中力量首先废除中英间不平等条约为

---

[1] 《北京大学日刊》,1925年6月16、27日;《修改中英不平等条约》,《时事新报》1925年7月1日,第1版。

[2] 《单独对英论》,《时事新报》1925年7月14日,第1版。

[3] 《南京学界后援会议纪》,《时事新报》1925年7月12日,第2版。

[4] 《北大教职员对沪汉粤案交涉之建议》,《晨报》1925年7月9日,第4版。

前提条件，这与梁启超诸人主张单独对英，消极"缩小范围"，以便"就事论事"和尽早了结沪案，不能相提并论。应当说，中共反帝的立场最为坚定，它强调帝国主义本质的内在统一性和不能将希望寄托于某一强国，是对的；但是，它视列强为铁板一块，主张全面出击，却有失于"左"，即简单化。张国焘回忆说，其时"除俄、德以不同程度表示同情中国外，法、美在华外交官亦相继公开表示与英、日不同的态度；甚至日本方面，后来也有悬崖勒马的打算，企图让这股充满正义的反帝怒火，专向英国人燃烧"[1]。这说明，时人主张分化对手的策略，确有其合理性。后虽因英国实行"反赤化"的分化政策，"单独对英"论最终无功而返，但它毕竟凝聚了各界的共识，令英国一时陷入了国人抗议、声讨和抵制的汪洋大海之中，焦头烂额，惶惶不可终日，其在华利益与国际形象受到了沉重打击。

其二，借自身有利的社会地位，自觉监督政府。

在五卅运动中固然形成了工商学各界示威游行以

---

[1] 张国焘：《我的回忆》第二册，现代史料编刊社，1980年，第36页。

二、从"五卅"到"三一八":中国的知识界

敦促政府对外交涉的格局,但是,其中知识界尤其是北京高校教职员,凭借自己拥有的特殊社会地位与声望,对政府进行的监督较之其他各界,往往更形自觉,更具优势。从运动一开始,他们便借助报刊舆论对政府交涉不力不断提出质疑,尤其是强调修改不平等条约是解决问题的根本,不容政府有意模糊与敷衍。渊泉在《沪案非地方问题,敬告颜惠庆》中就曾尖锐地指出:作为办理交涉首席专员,颜惠庆居然认为沪案属法律问题,为地方性事件,这是"颜氏观察沪案之出发点,根本错误,不能放过也"[1]。张君劢甚至撰文公开要求对使团做无原则退让的外交总长沈瑞麟辞职。[2] 这些是对中央政府的监督,包括林语堂、周作人、钱玄同在内 21 位北京大学教授在《京报》上联名警告奉系军阀,则可以看成是对地方割据势力的监督。《东方时报》雇用英人辛德森主政,竟为英国张目,诬蔑爱国运动,引起公愤,但它的后台却是奉系军阀,一般人敢怒不敢言。但北京大学教授不仅警告《东方时

---

[1]《晨报》1925 年 6 月 29 日,第 2 版。

[2]《外交总长沈瑞麟尚不应去职耶?》,《晨报》1925 年 10 月 6 日,第 2 版。

报》必须立即辞退此人,否则抵制该报;而且同时也明确提出"对于某方实力派之警告",指斥"某方爱党之心,重于爱国"[1],并特别指出,"某公"曾对惨案表示愤慨,主张全力对英,自不应对此有所偏袒。这里的"某公",指的就是张学良。故他们表面警告《东方时报》,最终目的却是警告奉系军阀。后者势力方张,此种警告说明教职员爱国勇气可嘉。

教职员与学生一样,都借助上书与请愿的方式表达意愿,但由于前者常得以直接以北京大学教授为代表,教职员与学生不同,得常常以上书或请愿的方式,直接与执政府最高层沟通,甚至于当面提出质问,影响也自有不同。[2] 这不妨以其质疑政府的接济沪案款为例。据《申报》载,1925年7月中旬,北京各界代表约见财长李思浩,质疑失业工人接济款问题,主要由朱家骅发言质疑:(1)请说明政府允之10万元未到位之理由;(2)承诺5月节行政费项下拨汇之15万元,是否寄到;(3)由第二批金款教育费50万元项下,拨汇之25万元,是否到位;(4)发行沪案后援奖券,是

---

[1] 《北大教职员联名警告东方时报》,《京报》1925年6月19日,第7版。
[2] 有时请愿间或有学生代表等参加,但主要发言人往往都是教职员。

二、从"五卅"到"三一八"：中国的知识界

否可行。李思浩作答承认多未到位，但强调因有种种困难，后经代表反复要求，最后承诺：（1）于三日内由财长负责备款10万元汇沪；（2）行政项下已汇出5万元，余10万元与梁士诒商妥后，即行寄出；（3）金款教育经费一经到手，即行照寄；（4）后援奖券本人极赞成，但尚需与内长接洽定夺，俟有具体办法，会请马寅初传达。[1]如此开门见山，单刀直入，足见质疑之尖锐，并取得了相当成效。当然，事实证明，教职员的监督、质疑与整个运动一样，都终究无法根本改变军阀政府媚外误国的政策；但它毕竟起到了彰显民意、鼓舞人心的积极作用。

其三，运用专业知识，提升运动内涵。

五卅运动同时还是一场声势浩大的普及反帝爱国教育的运动。在这方面，教育界的教师尤其是大学教授，多为学有专长的学者，他们借助专业知识，提升运动内涵，发挥了无可替代的作用。其主要表现有二：一是在历史与现实的结合上揭露帝国主义尤其是英国侵华史，增进国人对帝国主义的认识。当时各校教师

---

[1]《政府接济沪案款之质疑》，《申报》1925年7月13日，第6版。

多组织讲演团,或与学生相附而行;或直接受邀,派人前往各处讲演。此外,他们还在报刊撰文。这无形中形成了一支涵盖甚广、热情空前的教师宣传队伍。1925年6月初,上海大同大学就邀请了徐谦、恽代英、杨杏佛和戴季陶等人讲演,主题是"对于五卅案及民族独立运动之关系""关于历史上观察五卅惨案及今后之目标"。7月20日,上海学联举办夏令营演讲会,主题为"以演讲社会问题及解释五卅运动之意义,研究今后应付方法为宗旨"。应邀讲演的知名学者多达40余位,包括吴稚晖、潘公展、蔡和森、沈雁冰、曾琦、朱经农、夏元瑮、唐钺等在内各派人士都有。"自开讲以来,报名听讲者异常踊跃,惜限于课堂,不能尽量容纳。"[1]北京大学教授更形活跃。如周鲠生在武昌大学演讲《不平等条约废除问题》;王世杰在本校演讲《沪案问题之性质》;马寅初在湖南会馆演讲《中英日之经济的关系》。此外,燕树棠发表有《英国侵略中国的概况》,张慰慈发表有《上海的租界》,等等。特别需要提到的是,经济学家马寅初发表了《汇丰银行》

---

[1] 上海社会科学院历史研究所编《五卅运动史料》第二卷,上海人民出版社,1986年,第155、468—471页。

二、从"五卅"到"三一八":中国的知识界

《中英日之经济的关系》《吾侪财政适合于对外宣战否?》等系列演讲,从经济学家的视角,揭露列强对华侵略,提出抗争的策略,多鞭辟入里,通俗易懂,南北各报竞相转载,影响最大。

"五卅"后,有关帝国主义侵华史、租界史的研究与宣传,由于报刊出版媒介的传播,空前普及。刊登在《学灯》上的《帝国主义与中国》一书,是多位学者演讲、文论的结集,其广告词说:"二三年来,国人对于帝国主义一名词已经加以注意,但是帝国主义究竟是怎么东西?帝国主义侵掠中国的方式是怎么样?打倒帝国主义在中国的势力应该采取何种手段?中国各地的反帝国主义的实况是怎么?这些问题在每个自谋解放的中国国民都急于要知道的。此书有当代名人的著作二十余篇,于此上问题,都有详细的说明,实为注意帝国主义者一本好的读物。""打倒帝国主义,打倒军阀",在五卅运动中成为妇孺皆知的流行语,初识个中道理的国人也空前增加了,此中知识界的努力,厥功至伟。

二是注重对外宣传,努力争取国际进步力量的支持。鉴于英国媒体肆意歪曲真相,混淆视听,知识

界从一开始便十分注意国际宣传的重要性。早在6月初,《晨报》的社论提出"紧急四大建议"[1],其一就是强调加强对外宣传,以争取国际舆论的支持。上海各校教职员联合会更是发起组织"各界外国文字宣传总机关"[2],并致函欧美同学会"五卅"后援会共同召集。北京大学教援会成立之初,设有文书股,以林语堂为主任,专门负责国际宣传,而且投入大量人力,分工明确。例如,6月12日,其干事会公报写道:"请陈源、张歆海、颜任光、胡适、陶孟和,专作文章寄送英美;请陈源、周览、王世杰、颜任光起草电复柏林知识阶级劳动联合会代表之宣言电稿提出文书审查;请袁同礼、陈翰笙等人搜集关于沪案资料分寄各国。"[3]在这方面,教育、新闻二界的努力,相得益彰。就教育界而言,北京大学教授的工作最具成效。他们多留学欧美,不仅外语好,且熟悉西方社会心理,故其发往欧美相关机构与各界名流的电函,多能收到良好的效果。当时罗家伦在伦敦,他后来回忆说,当时国内

---

[1] 渊泉:《紧急四大建议》,《晨报》1925年6月7日,第2版。
[2] 《上海各校教职员联合会》,《申报》1925年6月1日,第3张(9)。
[3] 《北京大学日刊》,1925年6月12日。

二、从"五卅"到"三一八":中国的知识界

来的电报不少,但多充满情感发泄,缺乏平静的叙述与法理判断,故极少可用的材料。此时恰有一封由胡适、丁文江等四位教授署名的多达三千多字的英文长电转到手里。它"以很爽明锋利的英文,叙述该案的内容,暴露英方军警的罪行,如老吏断狱,不但深刻,而且说得令人心服。每字每句不是深懂英国人心理的学者,是一定写不出来的"。"我自己集款把它先印行了五千份,加一题目《中国的理由》,分送英国职工联会总会秘书长,并应其要求加印后,由他分发给下属各单位,在英国产生了很大影响。"他说:"事后我才知道,这篇文章是在君起草的,他真是懂得英国人心理的人。"[1] 其实,当时罗素在英国《国民周刊》上发表的《英国在华政策》一文,就特别提到了这份长电:"如果有人要知道与共产党毫无关系的中国知识阶级对于这事件如何观察,应该看留英中国协会所发行的小册子叫做《中国事件》。这本书是中国四位名人写的,这些人都是学问很好,见闻很广的,很值得科学的敬重

---

[1] 转引自欧阳哲生《科学与政治——丁文江研究》,北京大学出版社,2009年,第235、236页。

的。"[1] 在新闻界，南北各大报多用不少篇幅报道国际进步舆论对中国人民抗争的积极声援，其新闻标题有："同情声遍欧美""莫斯科五十万人大游行：声援中国国民运动""全世界劳工俱同情中国""全世界工人联合战线：英法共产党领袖共同发表宣言，主张一致助中国抵抗帝国主义"等等。其时，在各国中苏俄对中国声援最为积极，规模也最浩大，故新闻界的报道也最多。在中国民族运动日益成为世界民族民主运动一部分的情况下，知识界重视对外宣传与报道国际声援，扩大了国人的视野，更增强了他们抗争的信心。

（四）三一八运动继起与"时移势异"

然而，耐人寻味的是，五卅运动失败后不及百日，三一八运动继起，却已是时移势异。其表现主要有三：

第一，原有的各界联合战线不复存在，知识界成了支持运动最主要的社会力量。

五卅运动兴起后，帝国主义以欺骗利诱的手段，

---

[1]《晨报》1925年8月27日，第4版。这里《中国事件》当就是《中国的理由》。

二、从"五卅"到"三一八":中国的知识界

竭力勾结军阀势力,拉拢动摇的民族资产阶级,以离间国民革命的联合战线。6月中旬,上海总商会将工商学联合会提出的17项条件修改为13项条件,并宣布单独退出罢市;与此同时,"反赤"宣传的声浪甚嚣尘上,都反映了联合战线渐趋分化。三一八惨案的发生,既是帝国主义联手反扑的产物,同时也是联合战线归于瓦解的表征。惨案发生后,中共在告全国民众书中,曾号召各界"发动一个比五卅运动更伟大的运动",但这个愿望没有实现;故不久它在内部文件中又指出:"三一八"的屠杀,事态严重性远过于"五卅"案,"然因联合战线之破裂,反不能激起一个普遍全国的大运动,普通社会对此事仿佛很冷淡,鼓不起他们参加的热心"[1]。这一判断,与时人的即时观察是一致的。朱自清是惨案亲历者,据他回忆,当天参加游行的总人数约2000人,学界(包括师生)占了98%,其他各

---

[1]《中国共产党为段祺瑞屠杀人民告全国民众(一九二六年三月二十日)》,载中央档案馆编《中共中央文件选集》第2册(1926),中共中央党校出版社,1989年,第88页;《中央通告第一百零一号——最近政局观察及我们今后工作原则(一九二六年五月七日)》,载中央档案馆编《中共中央文件选集》第2册(1926),中共中央党校出版社,1989年,第121页。

界人士仅百人而已,即不超过总人数2%。[1]陈文澥说得更明确:"惨案发生,瞬逾旬日,都人士除新闻教育两界稍有表示外,其余各方,对此空前事件,多持隔岸观火态度,国势至此,吁可痛已。"[2]京外情形相类,《时事新报》"时评"指出:"(京案)较五卅案为尤酷,各地民众,宜如何激愤,速起援助。然数日来,民众态度,殊觉淡然,即以南京而论,两开市民大会,到者寥寥,都无结果而散。"[3]这就是说,原有各界联合战线不复存在,站在学生一边的社会力量,从一开始主要就是教育界、新闻界——整个的知识界!长期以来,这一点似乎并未真正为人所正视。

如果说,在五卅运动中教职员是真诚投入,热情甚高的话,那么,在这次惨案中,师生可谓生死相依了。马叙伦说,"三一八"当天游行,"各校的教授,尤其

---

[1] 自清:《执政府大屠杀记》,《语丝》第72期,1926年3月29日,转引自孙敦恒、闻海选编《三一八运动资料》,人民出版社,1984年,第133页。

[2] 《惨案评议》,《晨报》1926年4月5日,转引自江长仁编《三一八惨案资料汇编》,北京出版社,1985年,第329页。

[3] 江澄:《敬告今之利用民众运动者》,《时事新报》1926年3月28日,第2版。

二、从"五卅"到"三一八":中国的知识界

是北大的教授参加得很多"[1]。17日晚10时半,清华大学评议会主席黄仕俊才接到明日游行通知,"当即摇铃召集评议会,通过参加国民大会",并"请干事部各科长及其他同事学生帮助筹备一切,次晨并请定方君宗汉为总指挥"[2]。不难想见,惨案发生时,有包括李大钊、朱自清、陈翰笙等许多教职员和学生一起在执政府前共同经历了一场出生入死的生死劫!明白了这一点,便不难理解,何以当时记载惨案发生经过最详尽的两个文本,是出自朱自清与陈翰笙两位教授之手。同时也不难理解,何以惨案发生当晚清华大学评议会因黄仕俊等人未归,另举他人代理主席并组织出席抗议活动的"代表委员会",及黄仕俊等返校后,学生却感其生死情,遂有罢免评议会议与干事部案,而重举黄仕俊等负责了。[3] 此外,当年曾是中法大学学生的陈毅,于1963年看望病中的孙伏园时,回忆邵飘萍,

---

[1] 马叙伦:《我在六十岁以前》,载《马叙伦自述》,中国大百科全书出版社,2012年,第62页。

[2] 彝鼎:《十八日惨案之经过》,《清华周刊》第24卷第5期,转引自孙敦恒、闻海选编《三一八运动资料》,第103—104页。

[3] 彝鼎:《十八日惨案之经过》,《清华周刊》第24卷第5期,转引自孙敦恒、闻海选编《三一八运动资料》,第104—105页。

依然感念不已。他说，惨案发生后，北京民众举行的一次追悼没有人敢做大会主席，自己挺身而出，担任主席并演讲。但讲完话许久却不见有人上台，会场出现令人窒息的沉默。此时忽见一人昂首而前，登台讲话，大意就是3月19日《京报》时评《世界空前惨案——不要得意，不要大意》。此人就是京报社长邵飘萍！他说："迄今快四十年了，当日形象犹在脑中。"[1] 这里表达的也是当年师生并肩战斗的情谊。需要指出的是，段祺瑞政府为推脱制造惨案的罪责，造谣共产党煽动暴乱，并发出了对易培基、李大钊等5人所谓的通缉令；但实际上其内部最初拟通缉的学界人士多达50余人，还包括蒋梦麟、朱家骅、鲁迅、周作人、许寿裳、孙伏园等在内。[2] 4月中下旬，随段祺瑞下台和奉军入京，蒋梦麟等许多人被迫四处走避，《京报》主笔邵飘萍更是遇害。由是观之，在三一八运动中，知识界承受的压力和付出的代价，实较五卅运动为甚。

---

[1] 汤修慧：《一代报人邵飘萍》，载《中华文史资料文库·文化教育编》第16卷，中国文史出版社，1996年，第201页。
[2] 《三一八惨案之内幕种种》，载江长仁编《三一八惨案资料汇编》，第44页。

二、从"五卅"到"三一八":中国的知识界

三一八惨案发生后,京沪知识界立即掀起声讨段祺瑞政府的抗议浪潮。3月20日,北京大学教职员发表宣言,强烈要求北京军警拘捕段祺瑞诸人,处以杀人罪;[1]21日,北京各界在北京大学召开联席会,由北京大学代表王钟文主持,议决成立"北京废约驱段大同盟"。22日,"京报界警告司法界与国民军,注意此次惨案,勿任段贾逍遥法外"[2]。沪上教职员与学术界名流,也纷纷发表宣言,声援京中同行,要求驱逐段祺瑞政府。在这些抗议声中,《京报》主笔邵飘萍的讨段檄文《世界空前惨案——不要得意,不要大意》,最为动人,传诵一时。[3]

与此同时,在国立九校校长及教职员联席会议统一协调下,京内各校迅速行动起来,主动地承担起了救死扶伤的责任。他们分赴国务院及东城各医院调查伤亡确数,慰问受伤学生。各校迎回烈士灵柩、隆重安排后事的过程,尤其彰显了师生间深厚的情谊。《京

---

[1] 《〈北大教职员宣言〉(一九二六年三月二十日)》,载孙敦恒、闻海选编《三一八运动资料》,第290页。
[2] 《本馆要电》,《申报》1926年3月22日,第4版。
[3] 《京报》1926年3月19日,第2版。

报》3月21、22日两天连续刊登《大流血后之各校现状》，报道了北京大学、北京师范大学、北京女子师范大学、清华大学、中法大学等23所大中学校纷纷召集全校教职员会议，筹备召开全校师生死难烈士追悼大会，同时或通电，或罢课，或组织演讲队的消息。北京女子师范大学20日上午开全体教职员大会，由校长许寿裳报告刘和珍、杨德群烈士被害经过。并决议成立"三月十八日外交请愿惨杀案后援会"，以联络各校共同行动。"其次对于惨死者，决议缠黑纱，至出殡日止，以志哀悼"。再由校方安抚烈士家属，同时通电全国以明真相。鲁迅、周作人、林语堂等教授都为烈士写了沉痛的悼念文章，尤其是鲁迅的《纪念刘和珍君》，沉痛而深刻，反映了师生情笃。是文传诵至今，愈令烈士不朽，这是人所共知的。北京工业大学师生六百余人集齐礼堂，瞻仰烈士遗容。校长马君武自闻惨案发生后，即驰往国务院领二烈士遗体回校，"对之极为惨痛，并谓当局此种行为，不成人类，不愿再与合作，拟即日买舟南下"[1]。无论学界对他原

---

[1] 《大流血后之各校现状》，《京报》1926年3月21、22日，转引自孙敦恒、闻海选编《三一八运动资料》，第86、87页。

有多少非议，危难之秋，进退有节，终究难能可贵。故全校学生闻之动容，拟即开全体大会加以挽留。22日，清华大学组织全体学生迎烈士之灵，抵校后"全体同学及教职员向烈士行三鞠躬礼"，曹云祥校长代表全体教职员致哀辞。[1] 3月底，在北京大学三院召开北京各界死难烈士追悼大会，并议决三项：通电全国定3月18日为废约纪念节；在天安门建立"三一八"烈士纪念碑；筹备"三一八"殉难烈士安葬典礼。三一八运动为时甚暂，到4月10日北京警卫司令发布布告，鹿钟麟通电全国，驱逐段祺瑞，前后不过20余天。在各界联合战线不复存在的情况下，知识界在其间发挥了中流砥柱的作用，是显而易见的。

第二，知识界内部出现了两派严重分裂。

与失去原有联合战线的支持相较，知识界在三一八运动中面临的另一更为严峻的局面，是其自身内部的严重分裂。如前所述，在五卅运动中，知识界虽存分歧与争论，但并未动摇彼此主张反帝与废除不平等条约共同的政治立场，故终能求同存异，携手合

---

[1] 彝鼎：《三月十八日惨案以后》，《清华周刊》第24卷第5期，转引自孙敦恒、闻海选编《三一八运动资料》，第146、147页。

作,未发生真正的分裂;但此次却不同:"在这一次,惨案发生的第二日,舆论便大不相同,我们一方面固然看见革命的人舆论攻击段祺瑞政府,主张驱段废约,一面又看见一种论调,责备领袖,谓群众为领袖所陷害。"[1] 主张"责备领袖",就是嫁祸共产党,为段祺瑞政府张目。两派政治立场公开对立,不言而喻。

三一八惨案发生第二天,即3月19日,北京国立九校校长与教职员联席会议召开临时会,讨论应对惨案办法。会上有人提议,认为政府当局应负法律上的责任;群众领袖自天安门集会后多未同行,致使热心青年陷于危地,应负道义上的责任。结果引起激烈争论。约分三派:"稳健派"主张不问政治,对是否诘问当局责任,颇为踌躇;"激烈派"力主责任全在当局,不应对群众领袖有所责备,并主张罢工罢课或全体辞职,以反抗当局;"折中派"则同意上述提议。投票结果,提议虽以两票之差获通过,但"激烈派"坚持反对,遂决暂缓发表而散会。[2] "对责问群众领袖一层,

---

[1] 静仁:《对北京惨案杂感》,《中国青年》(汇刊)第118期,1926年4月3日,第492页。
[2] 《京教育界对大惨案态度不一致》,《申报》1926年3月27日,第6版。

二、从"五卅"到"三一八":中国的知识界

大致北大医大女师大艺专不甚赞成;工大农大法大女大男师大则倾向积极。"然北京大学内部并不统一,出席教职员联席会议的燕树棠、查良钊等即力主问责之人。次日复会,前项决议虽有变更,改为只提法律解决,而避谈群众领袖责任问题,但"激进派"占多数的九校校长会议仍决定与教职员会分离,单独发表宣言。同时北京大学复以教职员会名义,致函九校教职员会,声明本校代表其权能只在追索教育经费,不计其他。燕树棠等人为此愤而退席。会议又只好决定暂不发表宣言。北京如此,沪上亦然。3月21日,张君劢、张东荪、朱经农等18人,代表复旦大学、同济大学、中国公学等11所大学发表宣言,主张将案情交司法审判,避谈段祺瑞政府制造惨案的责任。随后,郑振铎、叶圣陶、潘汉年、胡愈之等16人致函11校教职员,提出诘问,以为政府枪杀群众,讨好列强,"为中国前途莫大之危难"[1],宣言于此避而不谈,不免让人生疑。但事实上,以不偏不倚面目出现的所谓"群

---

[1]《上海各大学对京惨案之主张》,《时事新报》1926年3月21日,第2版;《各大学教职员宣言之反响》,《时事新报》1926年3月23日,第4版。

众领袖责任"论，影响甚广。武汉大学追悼校友杨德群大会的挽联，即写道："段祺瑞罪浮于韩提胄，易培基对不起杨德群。"[1] 郭任远、朱经农主持的上海各大学同志会及上海各大学学生同志会，成为阻止学生参加爱国运动的消极力量。对于教育界的分裂，有记者评论说："学界两派各不相让，今后纠纷正多也。"[2]

新闻界之对立，更形激烈。3月20日，《晨报》发表林学衡的时评《为青年流血问题敬告全国国民》，公然捏造事实，颠倒黑白，污蔑爱国青年，为段祺瑞政府辩护。他说，外交请愿虽属正当，"亦何事啸聚男女，挟持枪械，若临大敌者。重以驱逐外交团之宣言，环击警卫队之行动，不惜激于意气，铤而走险，乃陷入奸人居间利用之彀中"。同时攻击民众领袖：他们无非"以救国为手段，以猎官为目的"，一丘之貉，易地皆然。他要求徐谦等人自杀以谢死难之青年，并谓共产党人"故杀青年，希图利己，而宜一致主张"[3]。22日又发表渊泉的《群众领袖安在？》，竟谓18日的

---

[1]《武大追悼杨德群女士》，《申报》1926年4月11日，第6版。
[2]《大惨案后之北京各界》，《申报》1926年3月29日，第9版。
[3]《晨报》1926年3月19日，第3版。

二、从"五卅"到"三一八":中国的知识界

游行本是不必要的,是群众领袖为私利逼大家去的,而临危之际,"彼群众领袖无与也"[1]。上海《时事新报》与北京《晨报》南北呼应,成为新闻界为政府张目的代表性刊物。前者从一开始报道北京惨案,替政府辩护和归罪群众领袖的立场便十分鲜明。它不仅于一周后转载了上述林学衡的时评,而且又发表公弼的社评《北京惨杀案里面观》,强调死难青年无非是国共倒段运动的牺牲品,被指称当各负其责的段祺瑞与徐谦之徒,都成了陪绑者。他说:徐谦诸人躲入安全之地,"是牺牲而未牺牲也,血肉模糊之无辜青年数十人,始是牺牲品。因此成为众矢之的身无完肤之段祺瑞,则是其陪绑者。外博同情,内无顾惜,惨剧内幕,不应如是观耶?"[2]此外,《甲寅周刊》造谣"群众手持木棍,间挟手枪,甚且抛掷炸弹,或则擎火油准备泼灌,以致与卫兵互相冲突,各有死伤"[3],固属令人发指;而陈源《闲话》编造故事,说杨德群烈士平时不关心政

---

[1] 《晨报》1926年3月22日,第2版。

[2] 《时事新报》1926年3月23日,第2版。

[3] 《甲寅周刊》第1卷第34号,1926年3月,转引自江长仁编《三一八惨案资料汇编》,第315页。

治,这次本不想参加游行,是半路上被教员勉强拉去的,以此坐实他设定的群众领袖"犯了故意引人去死地的嫌疑"的罪名,同样让人愤慨不已。[1]

这些明显站在段祺瑞政府一边、为虎作伥的言行,激起了人们普遍的谴责。中共指斥说:"这般论调,最得社会之同情。群众是好的,领袖与军阀是坏的,这样折衷调和,使群众同时反击共产党与段祺瑞,段祺瑞既脱了大半的责任,群众也没有领袖的指导,不是可以就此偃旗息鼓,发发通电完事吗?"[2]国家主义、研究系、江苏省教育会,他们做惯了军阀的奴才走狗,每次运动都不参加,而现在却骂领袖利用群众了!知识界的取角虽不尽同于中共,但以《京报副刊》《语丝》《国民新报》等为代表,其愤怒谴责的声浪却是一波高过一波。鲁迅为此写了一系列文章,在他看来,"三月十八日"是"民国以来最黑暗的一天",而"墨写的谎言,决掩不住血写的事实"。惨案"是政府布成的罗网",而关键则是"'流言'的奏了功效"。晚清民初是用"康党""革党""乱党"杀人,现在自然要用"共产

---

[1] 《现代评论》第3卷第68期,1926年3月27日,第11页。
[2] 仁静:《对北京惨案杂感》,《中国青年》第118期,1926年4月3日。

二、从"五卅"到"三一八"：中国的知识界

党"了。而其"证据是一根木棍，两支手枪，三瓶煤油。且不说这是否真的，就算是，死伤三百多人所携的武器竟不过这一点，是怎样可怜的暴动呵"[1]。鲁迅文章的犀利处，就在于不仅一针见血点破了惨案的真相，而且将军阀的预谋与政客文人狼狈为奸的"流言"即凭空造谣相联系，从而有力地揭破了所谓"领袖责任"论者的丑恶面目。在惨案中九死一生的明星，在《警告荒谬绝伦的报纸》一文中质问《晨报》："试问北京的数万群众，为抵抗列强而运动，岂可视为共产党捣乱之利用品耶？在天安门光天化日之下，万众之中，又有谁见徐谦在什么地方宣传他的共产主义？""什么共党呀，赤化呀，手枪木棍呀，反攻卫队呀，信口开河，毫无根据。""竟有卖国的华文报纸，称抵抗列强为赤化运动，这真是我国人民的奇耻大辱。"[2]林树松则对一些教授名流附和下作记者口吻，信口开河，表示不满："一班国立大学教授像查良钊、燕树棠等也竟在九校教职员联席会议上，套那些不肖记者的口

---

[1] 鲁迅：《可惨与可笑》，《京报副刊》第452号，1926年3月28日，第1版。

[2] 《京报副刊》第447号，1926年3月23日，第3版。

吻,趁火打劫,欲将他们平日所衔恨的几个名流拉到这次惨案责任应归的场上","以图一时快意,而丝毫不顾到国务院前爱国群众血肉横飞的惨剧","而犹名曰大学教授,青年师表,此更吾人所不可不急谋鸣鼓而攻之者也"。"不要忘了驱除这班假仁假义的教育界的蟊贼王呵!"[1]陈源《闲话》的险恶用心,也未逃过众人的讨伐。鲁迅对他的深刻批判,人所周知;实则,其时秋芳的《可怕与可杀》一文,异曲同工。作者愤怒指斥陈文之包藏祸心,其为虐,"实在比什么执政的电报要利害过十倍"。文中说:各国皆有请愿,却并无杀身危险,所谓群众领袖应负责的话从何说起!陈源之流既认为请愿是会被杀的,何以事先不提醒我们?事先知道,却不露风,事后复攻击民众以转移目标,那末你们简直是同谋,不但应负道义的负责,在法律也难逃罪责![2]《京报副刊》是当时反击《晨报》等最有力的媒体,其中《大屠杀后的种种呼声》在第446—451期连载,内容有不少为本刊组织的对惨案亲历者的采访,对象包括教员和一般市民等,以证人证

---

[1]　林树松:《痛心话》,《京报副刊》第53号,1926年3月29日,第4版。
[2]　《京报副刊》第454号,1926年3月30日,第6—7版。

二、从"五卅"到"三一八":中国的知识界

言反驳造谣者,新颖而有力。1926年4月初,京师地检厅证实,惨案发生时群众未携带凶器,也未与卫队冲突,全由卫队虐杀。军警伤口都是自己误伤,被认为共产党暴动证据的三支手枪和破洋水壶,也都是伪造的。周作人为此发表《洋铁水壶与通缉令》,在肯定地检厅不失人格与毕竟保存有一点可贵的司法独立精神后,发出了以下愤怒的质问:"我不知道,那班混账东西是不是还在那里争论不肯宣言政府应该负责,或者还相信群众真是拿有'几支手枪'?请你们挖开混账的眼睛乌珠,把地检厅的公函朗读一遍,再招出真心话来,看看你们的良心到底死绝了没有。"[1] 义正而辞严。在正义舆论的谴责之下,事实上,除陈源在女师大学生致书报馆联名指陈其造谣之后,不得不公开承认自己有错之外[2],林学衡、燕树棠等"领袖责任"论者,皆噤若寒蝉,集体失声了。足见公道自在人心。

　　第三,历史场景的重要转换。

---

[1] 《京报副刊》第461号,1926年4月7日,第4版。

[2] 1925年4月2日女师大雷瑜等五位杨德群同窗致函陈源,斥其造谣。《现代评论》第3卷第70期发表陈源《致现代评论记者》,同时附有雷瑜等函。他承认所言事实有误,但又辩解是"误会"。

知识界内部出现上述根本对立的现象，已引起了时人的思考。周作人以为，这说明"北京的知识阶级——名人学者和新闻记者变坏了"[1]。林语堂将问题推进了一步，以为这是反映了"今日知识界的分裂"。民国以来，不但思想革命不成功，而且知识界中有一部分人更与旧势力妥协了，"分裂是必然之势"。故他主张知识界当先肃清内部，"内除文妖再（才）能够'外抗军阀'"。这自然是较周作人又深刻多了。但他毕竟未能超越学界原有的派别之争和私人情感纠结的局限，故他又强调，有人主张我们两派彼此和解，这决不可能。"我们骂章士钊，你们也肯骂吗？我们攻击研究系，你们也肯攻击吗？我们深恶晨报，你们也能深恶晨报吗？倘是肯，表面上不一致亦自然一致了，并没有讲和之必要。"相反，我们不但不言和，"我们打狗运动应自今日起"。[2] 事实上，当时许多文章也都强调这些人所以提出"领袖责任问题"，是公报私仇

---

[1] 岂明（周作人）：《怨府卫》，《京报副刊》第457号，1926年4月2日，第1版。
[2] 林语堂：《请国人先除文妖再打军阀》，《京报副刊》，1926年4月4日，第2—4版。

二、从"五卅"到"三一八":中国的知识界

和为了夺取学界肥缺;这些因素固然是存在的,但毕竟不是最主要的,过于强调这些因素,无形中却把更为根本的政治分野模糊了。中共强调三一八惨案是五卅运动失败后,列强与军阀结成反动联合战线,对反帝爱国运动实行反扑的必然结果;而知识界中的一些人公然站在段祺瑞政府一边,提出所谓的"领袖责任问题",既反映了原有爱国联合战线的解体,同时也反映了资产阶级的妥协。此种见解从当时政治变动的全局出发看问题,较之上述论者过于强调人性幽暗的一面,无疑是深刻多了。不过问题仍有进一步探讨的空间。

实际上,理解三一八运动较之五卅运动,时移势异,还须看到其时历史场景正发生的重要转换:1926年3月18日,群众示威游行固然是针对八国最后通牒而起的,但惨案直接制造者却是段祺瑞政府,由此继起的三一八运动的主要目标也在于追究后者的责任。这就是说,其时历史场景正发生由对外交涉转向对内政考问的深刻转换。前者体现了民族主义空前高涨,故人多要求"暂时忍耐缄默,姑置内政于不谈,

而一致于对外之国民的作战"[1]；而后者则体现民族主义遭区隔，国内主要矛盾突显，人们重新集注于内政问题，原有党派系别不同政治诉求间之鸿沟，因之再现。三一八惨案发生后，周作人的第一个反应是："五卅"发令杀人的是租界里的英国人，现在却是民国的北京政府。"爱伏生终于免职而去了，虽然帝国主义是蛮横。这回怎办？或者是因为本国人所杀的，没有什么要紧吧，照所谓国家主义的看法。究竟是那一样呢？有谁能知道。"[2] 这说明，他敏感到这次惨案要考问的首先定然是无可回避的内政问题了。清华大学校长在本校烈士追悼会上说："清华之态度，是无论何种运动，如系完全对外则行加入；如涉及内政，则取超然态度，而不卷入漩涡，不幸此次国务院前发生惨剧，本校学生重伤数人，轻伤尤多，而韦君杰三竟一命呜呼。"[3] 为此他深表歉疚。言外之意，惨案的发生令清华大学不自愿也被卷入了内政问题。而《现代评论》

---

[1] 公弼：《外交与内政》，《时事新报》1925年7月4日，第3版。

[2] 岂明（周作人）：《对于大残杀的感想》，《京报副刊》1926年3月20日，第1版。

[3] 彝鼎：《三月十八日惨案以后》，《清华周刊》第24卷第6期，1926年4月2日，转引自孙敦恒、闻海选编《三一八运动资料》，第146页。

二、从"五卅"到"三一八":中国的知识界

上也有人指出:"我们应当加倍的觉悟,中国今日最大的困难还是在对内问题,内政问题不根本解决,决说不上对外。"[1] 总之,足见时人多已意识到了当时的历史场景或叫现实性的问题正发生重要的转换。正是此种转换,制约着人们的情感与取向。要不,同样的《晨报》及燕树棠诸人,何以在五卅运动中都是爱国运动的积极参与者,现在却突然都成了列强军阀的"走狗"与"反动派"了呢?仅仅用"阶级妥协"或"复辟反动"来解释,是不够的。所谓内政问题,说到底,就是要不要推翻列强的工具军阀政府和实行国民革命。林学衡等人强调惨案是国共倒段运动的产物,主张"国民真正大革命之成功,将以诸君(指徐谦等群众领袖——引者)之自杀,为其嚆矢。顾并此不能,何以愧政府,何以对青年"[2]。他们公然站在段祺瑞政府一边,反对的就是国共倡导的国民革命;而《晨报》被烧后,任鸿隽忧心忡忡,曾致书胡适说:"照这样下去,谁知北京城的池鱼还有许多呢?谁又晓得'国民革命'这四个

---

[1] 文:《五七纪念》,《现代评论》第3卷第74期,1926年5月9日。
[2] 林学衡:《为青年流血问题敬告全国国民》,《晨报》1926年3月20日,第3版。

字,代表的是甚么东西呢?"[1]陈源他们担惊受怕的也正是这场国民革命!

要言之,知识界的分裂从一个侧面,恰恰表明三一八惨案将国民革命这一时代的课题,以急迫的形式进一步提到了国人的面前。激进的青年学生纷纷"到黄埔去",参加国民革命军;与此同时,知识界也发生了"顿悟式"的觉醒。朱自清在"屠杀后五日写完"的《执政府大屠杀记》中,提出了一个带普遍性的问题:时警察总监李鸣钟匆匆到现场,说"死了这么多人,叫我怎么办?!"他这是局外人的话,"我们现在局中,不能如他的从容,我们也得问一问:'死了这么多人,我们该怎么办?!'"[2] 叶圣陶也提出类似的问题:不必多说废话,责备他们不该放枪。"惟有开枪,正是他们的正办,他们的道理。我们只消问自己:仇人当前,情势严重,如何才是我们眼前的正办,我们当

---

[1]《任鸿隽致胡适》,载中国社会科学院近代史研究所中华民国史组编《胡适来往书信选》上册,中华书局,1997年,第354页。

[2] 自清:《执政府大屠杀记》,《语丝》第72期,1926年3月29日,转引自孙敦恒、闻海选编《三一八运动资料》,第133页。

二、从"五卅"到"三一八":中国的知识界

尽的道理?"[1]他们显然已意识到必须改变当下的抗争方式,但引而不发;鲁迅则不同,"引而发":"但愿这样的请愿,从此停止就好",烈士的鲜血"教给继续战斗者以别种方法的战斗"[2]。这种"别种方法的战斗",就是进行国民革命的武器批判。当年北京大学学生王凡西回忆说:鲁迅那几天写的一系列文章,道出了我们普遍的心声。"是的,必须继续战斗,而且必须以别种方法来战斗,就这样,三一八惨案在北京青年中掀起了投笔从戎的汹涌暗潮:要以枪杆子代替笔杆子。"[3]联系到其时知识界吁请南方国民政府实行北伐的呼声日高,我们可以说,三一八运动后,不仅知识界作为整体已倾向于支持北伐与同情国民革命,而且这对于青年学生的走向革命,同样也产生了积极的启发与推动作用。

---

[1] 叶圣陶:《致死伤的同胞》,《文学周报》第218期,1926年3月28日,第390页。
[2] 鲁迅:《空谈》,《国民新报副刊》1926年4月10日,转引自孙敦恒、闻海选编《三一八运动资料》,第424、425页。
[3] 王凡西:《双山回忆录》,现代史料编刊社,1980年,第21页。

（五）余论

知识界的作为当然不是孤立的，作为运动的有机部分，它受国共倡导的运动总体目标与行动策略的规范与制约。这主要表现有三：一是知识界普遍赞同反帝反军阀和废除不平等条约等国共倡导的国民革命基本理念与总体战略目标，尽管各自理解有不同。二是知识界的作为在总体上依循了运动的总体节奏与策略安排。在上海，无论是教职员联合会还是教职员救国同志会，都参加了在国共领导下的工商学界联合会统一行动；在北京，知识界参加的五卅运动中三次大规模天安门国民大会，均是由国民党北京市党部预定议案的，都说明了这一点。[1] 三是知识界团体中的中坚分子不乏国共两党党员。例如，蒋梦麟、朱家骅、马叙伦、王世杰等北京大学教授会的中坚力量，多为国民党党员；上海教职员救国同志会的骨干，如沈雁冰、

---

[1]《国民党北京执行部报告书》，1926年1月，参见中共北京市委党史研究室编《第一次国共合作在北京》，北京出版社，1989年，第298—290页。

二、从"五卅"到"三一八"：中国的知识界

杨贤江等人，则为中共党员。但是，尽管如此，却不容将知识界的作为，简单视为国共领导的结果，而抹杀其自身的个性。当时国共在学生社团中建立有党团组织，实行统一领导。知识界多为教授学者名流，普遍信奉自由主义，主张超然于政治与党派，思想多元，尊崇个性；故不仅其团体中国共党团不存在，事实上欲形成统一指挥，也谈何容易。在五卅运动中，知识界多主张单独对英交涉，与中共及国民党左派的意见便相左。在一次各界联席会上，北京学联会争英日两国须同仇，教职员代表斥曰："学联是做阶级斗争，是布尔什维克化。"《中国青年》有文反唇相讥说："现在的政府背后有日本帝国主义，教职员方面，怎敢开罪于太上政府呢！"[1] 清华大学评议会接到国民党北京市党部的电话通知后，可以议决赞成明天参加国民大会，但同时却又通过"专对外不对内"[2] 的原则，同样说明，可与国民党协同，却不甘放弃自主。同时，也无须讳言，

---

[1] 雨英：《五卅后的北京民众》，《中国青年》（汇订本）第83期，1925年7月23日，第493页。

[2] 彝鼎：《三月十八日惨案以后》，《清华周刊》第24卷第6期，1926年4月2日，转引自孙敦恒、闻海选编《三一八运动资料》，第103页。

国共对运动的领导,事实上也是十分薄弱的。张国焘说,中共虽是五卅运动的主角,"但也充分暴露了它的领导力的不足","不能提出适应新形势的进一步政策;结果,它只有听任这一运动的领导,脱离了自己的掌握"。三一八惨案发生时,"中共中央讨论这个紧急局势之时,颇有手足失措之态"[1],加之广州发生"中山舰"事件,局势愈危。中共尚且如此,遑论国民党!这从反面也有助于说明知识界作为的相对独立性。

此外,当时国共两党在北京的影响力仍有限,远不及广东与上海。故北京地区各派政治力量的分野不鲜明,不尖锐,更缺乏激烈的思想斗争,浸成了相互调和模糊混沌的政治生态。"操军权的冯玉祥系,操政权的安福系与政学系,以及主学政的国民党、研究系和共产党领袖之间,似乎彼此并不存在着不可调和的斗争。人事关系错综复杂,思想界限很不清楚。在少数的上层领袖,多数的下层群众中,流行着普遍印象,仿佛革命问题可以解决于私人联络,能取胜于文字争辩,能赢得于示威请愿。"[2] 所以,缘此不难理

---

[1] 张国焘:《我的回忆》第二册,现代史料编刊社,1980年,第38、99页。
[2] 王凡西:《双山回忆录》,现代史料编刊社,1980年,第21页。

二、从"五卅"到"三一八"：中国的知识界

解，蔡元培曾领衔通电要求孙中山下野和主张"好人政府"；北京大学教授派别林立，既不影响他们共组北京大学教援会，声援上海同胞的斗争，同时，也不影响他们各自在各派政治势力间，依然游刃有余。此种政治生态，本身也有助于知识界在运动中保留自己的个性，甚至是"任性"。王凡西说："这个'时代'，我们可以称之为革命的，浪漫的，文学的，蜜月式的阶段。这个阶段在历史经常以热的铅和红的血来结束，而三一八惨案恰好就供给了这两件必需的东西。"[1] 三一八运动后正式揭开了国民革命的序幕，知识界从此步入了中国革命血与火的新时代，不得不结束自己的"浪漫"与"任性"，被迫认真思考重新调整与选择各自的政治取向；但也唯其如此，恰好构成了考察近代中国知识界（知识阶级）历史演化的一道重要分水岭。

---

[1] 王凡西：《双山回忆录》，现代史料编刊社，1980年，第21页。

三、"五四"后知识阶级的自我体认（1920—1926）

——以五卅运动和三一八运动为中心的考察

知识阶级是参与推动近代中国社会变革不容轻忽的重要力量，对此学界历来不乏研究。[1] 不过，尽管如此，有待开拓的空间依然甚大。1926年，瞿秋白就曾指出："五四到五卅，这六七年确是中国历史上的一个时期，有重大的政治上、文化上的意义。五四时代，大家争谈社会主义，五卅之后，大家争着辟阶级斗争。"其间，思想界与政党的分化过程，"显而易见是随着

---

[1] 如许纪霖的《中国知识分子十论》（修订版），复旦大学出版社，2015年；余英时的《中国知识分子的边缘化》，《二十一世纪》（香港），1991年8月。

三、"五四"后知识阶级的自我体认（1920—1926）

国民革命的进展而日益激厉的"[1]。这一精辟论断，启发我们提出一个饶有兴味的问题：既然"五四"后这具有独特的政治文化意义、判然划为一个重要历史时期的"六七年"，不仅是现代意义的知识阶级作为整体最初自觉的时期，而且它复经历了五卅运动和三一八运动即国民革命洪波巨澜的洗礼；那末，其间，这个"新起的阶级"，对于自身的地位、责任与使命等的认知，即其自我体认如何？面对"五卅"后山雨欲来风满楼的时代大变局，又作何感想？探讨此一问题，不仅是深化近代知识阶级研究的应有之义，而且也有助于进一步加深对其时中国社会大变动的理解，是显而易见的。

（一）"五四"前后：知识阶级的自觉

"五四"前后为中国传统的士与近代知识阶级消长的重要转捩点，是为学界的共识，但人们对此的理解

---

[1] 瞿秋白：《国民革命运动中之阶级分化：国民党右派与国家主义派之分析》，载《瞿秋白文集》，政治理论编，第三卷，人民出版社，1985年，第460、462页。

或切入的视角,却不尽相同。例如,朱自清说:"五四运动划出了一个新时代。自由主义建筑在自由职业和社会分工的基础上。教员是自由职业者,不是官,也不是候补的官。学生也可以选择多元的职业,不是只有做官一路。他们于是从统治阶级独立,不再是'士'或所谓'读书人',而变成了'知识分子',集体的就是'知识阶级'。残余的'士'或'读书人'自然也有,不过只是些残余罢了。"[1] 他从二者社会属性的不同,强调了新旧更替的时代临界线。而许纪霖说,"'知识分子社会'大约在19世纪末、20世纪初晚清年间出现,到民国初年发展成型"[2],最终取代了传统的"士绅社会",同样是强调新旧更替,视角却是"公共空间"理论。这些观点各有所见,但并不影响我们借新的视角,将问题进一步引向深入:着眼点不放在近代知识阶级的演进过程,而放在上述瞿秋白所谓的"五四"至"五卅"的六七年间,它作为整体的自觉,即由自

---

[1] 朱自清:《论气节》,载朱乔森编《朱自清全集》第三卷,江苏教育出版社,1988年,第153—154页。

[2] 许纪霖:《现代中国的知识分子社会》,载《中国知识分子十论》(修订版),复旦大学出版社,2015年,第90页。

三、"五四"后知识阶级的自我体认(1920—1926)

在阶级变为自为阶级的觉醒。这便不能不首先辨析"知识阶级"新概念的出现。

近代知识阶级固然发端于晚清,但"知识阶级"这个新名词的最早出现却是在民初。陶行知于1927年说:"自俄国革命以来,'知识阶级'这个名词忽然引起了世人的注意。"[1]足见这新名词不仅源自苏俄,且在时间上不会早过1917年。1918年4月,君实在《东方杂志》上发表译自日文的文章《俄国社会主义之变迁》,[2]内中使用了"知识阶级"一词,为迄今所能见到的最早的中文出处。翌年,张申府在《每周评论》发表《知识阶级》一文,与此同时,蔡元培、张东荪等人在自己的文章中也纷纷开始使用知识阶级的概念。[3]此后,更迅速流传开来,成为流行语。故1925年有人会这样说:"'知识阶级'这四个字,近数年来,已

---

[1] 陶行知:《"伪知识"阶级》,载蔡尚思主编《中国现代思想史资料简编》第三卷,浙江人民出版社,1983年,第42页。
[2] 见《东方杂志》第15卷第4号,1918年4月15日。
[3] 《每周评论》第31号,1919年7月20日;蔡元培:《〈北京大学卅一周年纪念刊〉序》,1919年11月20日,载高平叔编《蔡元培全集》第五卷,中华书局,1989年;张东荪:《中国知识阶级的解放与改造》,《解放与改造》第3卷第3号,1919年10月1日。

经成了很时髦的名词,有人能列在这个阶级里面,自己就觉得很抖。"[1] "五四"前后,尤其是20年代,是"知识阶级"一词最初出现并迅速流传的重要时期。

时人对这一新概念的理解,可分两个层面。一是指称范围十分宽泛:"智识阶级的范围渺茫得很。在中国人的智识依然幼稚的时候,我们不得不且把稍有专门智识和稍有普通智识的人们,如工程师、律师、医生、管账先生和教教孩子们的物理化学的人们,都放在智识阶级里面。"[2] 即国民中凡受过教育者,皆可统称为智识阶级。不过,人们因其社会地位与"学问"的高下,又通常分之为上下层,如中小学教员属下层,大学教授等则归上层,一般在校学生又称之为"少年知识阶级"。以下蒋梦麟的界定,强调以知识为职业者是知识阶级的"本位",就显得规范了许多,但他强调的明显是在上层:"现在所谓知识阶级,大都指投身教育事业者而言。其次为出版界的著作编辑者,再其次为以

---

[1] 河上人:《非知识阶级》,《国民新报副刊》第13号,1925年12月17日,第3页。

[2] 宇文:《打倒智识阶级》,《现代评论》第5卷第116期,1927年2月26日,第7页。

三、"五四"后知识阶级的自我体认（1920—1926）

高等学术为基础的职业者。再其次为散于各界中之对于学术有兴味者。教育界及著作界以知识为终身职业，故为知识阶级之本位，余者只可谓与知识阶级接近者，因其职业本不为单纯之知识。"[1] 与此相应，人们又常将之与学界、知识界的概念相提并论，等量齐观。[2] 二是，新名词虽包含着后来被称为知识分子的个体在内，[3] 但人们彰显的首先是指作为在社会学意义上与资本阶级、无产阶级等相对待的集合性名词，即其作为"群体""阶级""阶层"的集体性意涵。如张东荪说："中国的知识阶级，实在具有许多的不道德，比不上其他的阶级"，它应"与劳动阶级合并"。[4] 上述国人对知识阶级概念的理解，实际上一直影响到了今天。

---

[1] 《知识阶级的责任问题》，《晨报副刊》1925年6周年纪念增刊，第9版。

[2] 例如，蒋梦麟的《知识阶级的责任问题》一文，同时又说："我们承认知识界应负研究实际政治问题的责任。"(《晨报副刊》1925年6周年纪念增刊，第9版)

[3] 据笔者所知，"知识分子"一词最早出现，当始于1925年。是年7月2日，《北京大学日刊》刊登《陈启修先生致顾教务长函》，内说："全国工人，知识分子，大小商人，乃至官僚军阀，都起来反抗帝国主义的压迫。"

[4] 张东荪：《中国知识阶级的解放与改造》，《解放与改造》第3卷第1号，1919年10月1日，第1页。

有一种观点认为：中国的"知识阶级"一词虽是苏俄的舶来品，但却是"赝品"，因为十月革命后俄国的知识阶级概念，全然丧失了传统的"个体性和独立性"的内涵，而变成了"群体""阶级"的集体性名词。中国人移植并在本国生根的恰恰就是这种"被阉割的'印贴利更追亚'"，故"中国舶来的只能是赝品"。与传统的法式和俄式概念相比，中国的知识阶级、知识分子等相关概念，虽自成体系，却是"非驴非马"，无非"中国自己的'牛'"罢了。缘此,中国的"知识阶级"概念既与强调个体性独立性的"法式""俄式"的"概念或传统无缘，并与世界发展长期脱节"[1]，从而产生久远的消极影响。它还断言：造成此种结果的原因就在于，"其语境是一个落后的中国，思想背景是民粹主义、反智主义、布尔什维克主义"。然而,此种观点,有违历史，似是而非。

首先，关于知识阶级、知识分子的定义，即在欧洲各国至今也未有过统一的界定。甚至直到20世纪

---

[1] 方维规：《"Intellectual"的中国版本》，《中国社会科学》2006年第5期。

三、"五四"后知识阶级的自我体认(1920—1926)

中叶,在英文中它们还仍然被当作是贬义词。[1]19世纪中叶后俄国启蒙运动深受法国的影响,其知识阶级概念在十月革命后容有变动,但却不能说全然丧失了主体性和独立性的意涵。这只需看看张申府的《知识阶级》一文是怎样介绍这个新名词的,就不难明白这一点。他说:"知识阶级是什么呢?照俄国人所自解的,他就是自觉的国民。不是单单认识文字、受过教育的,乃是批评的思索家,对于现代社会总是反抗的……常有自由奔放、独立不羁的态度……实类乎此士之所谓先觉。"[2]这里明明在强调俄国的知识阶级,是一批勇于批评与反抗现代社会的思想家、富有自由思想和独立精神的先觉者,怎么能说其传统的"个体性和独立性"全然丧失!不仅如此,缘此也足见中国的知识阶级概念虽然宽泛和突出了集体和阶级的意涵,但并未忽视其作为社会批评者、反抗者即"智识者"的价值,即其时鲁迅所说"不顾利害的""真的知识阶级"之可

---

[1] 卡尔·博洛斯:《知识分子与现代性的危机》,李俊、蔡海榕译,江苏人民出版社,2002年,第2页;爱德华·W.萨义德:《知识分子论》,单德兴译,生活·读书·新知三联书店,2002年,第2页。

[2] 张申府:《张申府文集》第三卷,河北人民出版社,2005年,第36页。

贵。[1]因之，批评其时国人只是舶来了"赝品"，从而长期与世界传统脱节，显然有失简单化。

其次，胡适说，"凡是文化的接触，都是各取其所长的"[2]，这是文化传播中的一般规律。其言甚是。一种外来文化能在本国生根、开花、结果，绝非偶然，一定是因为它既为他国之"所长"，同时复适合了本国的国情与需要。而且它既扎根于本土，就成了本国文化的一部分，自然带上了本国的特色，不可能是外国的翻版。它体现了文化传播的一般规律，何来"赝品"！十月革命的成功和俄国知识阶级的奋斗精神，深深地吸引了正在为民族独立奋进的中国人，是合乎逻辑的事情（下文还将谈到）。据此，不难理解，何以国人要从苏俄引入知识阶级的新概念；何以明知"主体性独立性"是知识阶级概念的应有之义，却又执着地着力

---

[1] 鲁迅：《关于知识阶级》，载《鲁迅全集》(8)，载人民文学出版社，1981年，第190页。

[2] 胡颂平：《胡适之先生晚年谈话录》，新星出版社，2006年，第68页。

三、"五四"后知识阶级的自我体认（1920—1926）

于突出其"群体""阶级"等集体性的意涵。[1] 质言之，这一切乃端在集合起来共赴国难的时代要求，它反映了国人富有智慧的正确选择。所谓"赝品"云云，固然失之简单化，而从负面的意义上，将之归于所谓民粹主义、反智主义的影响，则更是离题千里，不知所云了。

还应当看到，无论是传统的士还是新的知识阶级，在中国的语境下都非单纯的社会学概念，而是同时蕴含着文化意味。前者有伦理学的意义，固不待言；后者不仅在时人眼里等同于学界、教育界，且同样被认为有承继传统士的道德担当之责任。[2] 所以，下面英国学者雷蒙·威廉斯深刻的论断，具有重要的启示："文化观念的历史是我们在思想和感觉上对我们共同生活的环境的变迁所作出的反应的记录。""是针对我们共同生活的环境中一个普遍而且是主要的改变而产

---

[1] 张奚若曾著文指出，真正的知识阶级不是以知识为标准，而是以理智为标准，"此种优秀人物"，即在美国也属极少数，遑论中国了。故当务之急，是要造就名副其实的中国知识阶级。(《〈现代评论〉第二周年纪念增刊》，载《张奚若文集》，清华大学出版社，1989年，第347页)但曲高和寡，终不为人所重视。

[2] 坚瓠:《政治与士气》,《东方杂志》第20卷第14号，1923年7月25日，第1页。

生的一种普遍反应。其基本成分是努力进行总体的性质评估。""文化观念的形成是一种慢慢地获得重新控制的过程。"[1] 知识阶级虽源于晚清,但毕竟一直到了"五四"前后,知识阶级的概念才最初出现并获普遍流行,这种"实至名归"现象同样是反映了人们对于周遭社会变动"进行总体的性质评估"和由此"获得重新控制的过程"。换言之,这是近代知识阶级作为整体的自觉即由自在走向了自为的重要表征。其具体表现,主要有三:

其一,群体的认同感、归属感愈显鲜明和强烈。

郢生在《文学周报》上发表文章说:"'士君子'不免陈旧了,'知识阶级'则是崭新的名词,提起这个名词,至少觉得'望之俨然',犹然跨进崇高的教堂,至少有点肃然的样子。"[2] 如果说,这是由认同进而表达某种自豪感,那么,李大钊公开宣称知识阶级领导运动已取得了自己的胜利,则显然又进了一步。1920年初他发表《知识阶级的胜利》一文说:"'五四'以后,

---

[1] 雷蒙·威廉斯:《文化与社会》,吴松江、张文定译,北京大学出版社,1991年,第374页。
[2] 郢生:《诸相》,《文学周报》第3期,1925年7月26日,第183页。

三、"五四"后知识阶级的自我体认（1920—1926）

知识阶级的运动层出不已。到了现在，知识阶级的胜利已经渐渐证实了。"[1] 也唯其如此，一些社会团体或个人，都乐于纷纷声明自己乃是知识阶级的组织或借重其名义发声。例如，《少年中国》1922年第3卷第11期刊出的《北京同人提案》，就强调说："少年中国学会是知识阶级的团体。"蔡元培则说，政府腐败，服务社会者又不可多得，"自命为知识阶级的大学，不得不事事引为己任"[2]。可见，大学同样以知识阶级的团体自许。至于在五卅运动中北京大学三十余位教授以"中国知识阶级"的名义联名复电欧洲各国"五百万知识阶级"，感谢他们对中国人民的同情与支持；清华学生张荫麟在《京报副刊》发表《告全国智识阶级》，以及胡适说自己"想邀一班朋友发表一篇智识阶级对政治的宣言"[3]，如此等等，无疑更是表明全国范围知

---

[1] 李大钊：《李大钊文集》下，人民出版社，1984年，第206页。

[2] 《北京大学卅一周年纪念刊》，1919年11月20日。载高平叔编《蔡元培全集》第五卷，中华书局，1988年，第358页。

[3] 《我国知识阶级宣布对帝国主义者作战方略：答复五百万知识阶级》，《晨报》1925年6月13日，第3版；《京报副刊》，1925年6月8日，第2版；1923年10月14日日记，《胡适全集》第30卷，安徽教育出版社，2003年，第69页。

识阶级整体的认同了。

其二，团体力量之聚集。

有学者认为，随着晚清科举制度的废除，知识阶级逐渐由社会中心走向了边缘化。另有学者则补充说，"五四"后知识阶级又由边缘逐渐重回了中心。[1]实则两种说法都值得商榷。科举制度既废，传统的士固然是走向了消亡，但是，新生的知识阶级先后领导新文化运动和五四运动，在向社会展示了自身于"五四"前后走向整体自觉的同时，也就奠定了自己居于社会中心的地位。这也就是说，新旧更替固然有个过程，但说到底，无论是传统的士还是现代的知识阶级，实际上都居于各自时代的社会中心，不存在边缘化或由边缘化再走向社会中心的问题。陶孟和说"'五四'是教育界变动的大关键"，"'五四'前，教育界里完全是一群教书匠与一群天真烂漫的青年，除所谓教育会或全国教育会联合会稍微在社会里有些'空幻'的势力外，教育界完全没有分量。"之后"面目却大为改观。

---

[1] 余英时：《中国知识分子的边缘化》，《二十一世纪》（香港）1991年8月号；罗志田：《近代中国社会权势的转移：知识分子的边缘化与边缘化知识分子的兴起》，载《权势转移：近代中国的思想、社会与学术》，湖北人民出版社，1999年。

三、"五四"后知识阶级的自我体认(1920—1926)

教育变成了一种势力,谁敢同他抗衡就要垮台,政府、军阀、政客都笼络、讨好它,连商人也不敢得罪它。从此以后,教育界一跃成为政治、外交、军事、财政、政党等一切活动的重要枢纽"[1]。曾琦也说,欧战后向来鄙视学界的各政党,"也渐渐的知道'学问势力'不可侮了"[2]。他们所说的"教育界""学问势力",实际就是指知识阶级。它既成了各政党与各种政治势力不敢小视的力量和"一切活动的枢纽",自然是居于社会的中心了。李大钊"知识阶级的胜利已经渐渐证实了"的说法,也印证了这一点。值得注意的是,五四运动中各种知识分子团体林立,运动实际"变成了多数新知识分子的联合行动","那时新知识分子的团结已逐渐加强"[3]。尤其是运动中成立的全国学生联合会与北京各校教职员联合会,是知识阶级力量实现有组织集聚的重要标志。与此相应,主张知识阶级团结起来的呼声日高。《东方杂志》主编杜亚泉于1919年年

---

[1] 陶孟和:《现代教育的特色》,《现代评论》第一周年纪念增刊,第33页。
[2] 曾琦:《留别少年中国学会同人》,《少年中国》第1卷第3期,第54页。
[3] 周策纵:《五四运动史》,陈永明等译,岳麓书社,1999年,第252、259页。

底发表题为《知识阶级之团结》一文,强调学校是培养和实现知识阶级团结最要之地,"团结于在校之时,尤宜团结于出学校以后"[1],而当下的学生联合会则是实现此种团结的重要基础。与此同时,李大钊也发表《大联合》说:"'五四''六三'以来,全国学生已成了一个大联合。最近北京各校教职员也发起了一个联合会。""我很盼望全国的教职员,也组织一个大联合。更与学生联合联络起来,造成一个教育界的大联合。我很盼望全国各种职业各种团体,都有小组织,都有大联合,立下真正民治的基础。"[2]杜、李的思想是相通的,即都希望在教育界知识阶级大团结、大联合的基础上,进一步实现全国各界的大团结大联合。在五卅运动和三一八运动中,知识阶级不仅凭借自身力量有组织地集聚,发挥了重要的组织与领导作用,而且也曾在报刊上公开倡导进一步建立李大钊所说的全国教职员联合会。这些都表明,知识阶级作为整体已达

---

[1] 杜亚泉:《杜亚泉文存》,上海教育出版社,2003年,第220页。
[2] 李大钊:《李大钊文集》下,人民出版社,1984年,第174页。

三、"五四"后知识阶级的自我体认(1920—1926)

到了怎样高度的自觉。[1]

其三,反省自身与揭橥使命并行不悖。这正是本文下一部分将要论述的主要内容。

(二)超越思想解放的范畴:投入国民革命的大潮

"五四"后数年间,时局剧变,新旧思想文化之争余音犹在,社会大变革的浪潮却已席卷而来。合乎逻辑的发展是:身在其中的知识阶级之使命与责任问题的揭出,是从反省自身开始的。

早在1919年年底,张东荪就发表《中国知识阶级的解放与改造》说:"既然要讲到解放与改造,便当先从知识阶级解放与改造起。"[2]在另一篇文章中,他更进一步对知识阶级的消极面作了鞭挞,说:梁启超曾以为时局坏到如此地步,是因为历次改革将最优秀的人才都牺牲完了,故呈青黄不接现象。但他只看到事

---

[1] 1925年6月,上海各校教职员联合会曾议决,"与北京教职员联合会共同发起组织全国联合会"。(《教职员联合会委员会纪》,《时事新报》1925年6月23日,第1版)

[2] 张东荪:《中国知识阶级的解放与改造》,《解放与改造》第3卷第1号,1919年10月1日。

实的一半,却未见到当时所谓最优秀的在当下其堕落实比常人更甚的事实。"至于新起的知识阶级",其堕落则较之前者,也同样不遑多让。许多人表面很新,实则追求的只是"个人自利主义"。民国以来,他们依傍军阀,助纣为虐,为祸实烈,"故知识阶级的罪恶实不在小"。他的结论是:"民族的衰亡以知识阶级的堕落为先河;中国今天确是知识阶级已衰颓了。"[1]而陶孟和于1923年发表的长文《士的阶级的厄运》,更显意味深长。他在系统地论述了传统士阶级在当今中国政治、经济、思想学术和道德上全然失去了自己的"权威"与"位置"之后,明确断言它已陷入了"破产",走上了末路。他说:"现在社会的纷扰就是证明中国固有的思想与制度的破产,也就是士的阶级的破产。""士的阶级似乎现在已到末日。"是文无异于为传统士阶级之退出历史舞台,昭闻天下。值得注意的是,陶将依附旧势力的归国留学生等许多所谓新派人物,也列入了"破产"的士阶级的范畴。陶强调说:"士的阶级是中国问题的一大枢纽,解决了它就解决了中国问题的

---

[1] 东荪:《谁能救中国》,《东方杂志》第20卷第12号,1923年6月25日,第24页。

三、"五四"后知识阶级的自我体认(1920—1926)

一部分,救济了士的阶级就是救济了中国,至少也可以救济我们。"[1] 传统士阶级之消亡无可避免,所谓"救济"云云,当然不是为了复活它;恰恰相反,是为了"救济了中国"和"也可以救济我们"。换言之,"新起的知识阶级"必须自觉避免重蹈传统士阶级的覆辙,才可能有自己的前途,从而助益国家。是文表现了可贵的历史洞察力,从而也就在更为深刻的意义上,提出了知识阶级当反躬自省的时代命题。应当说,这在当时已成共识。故《东方杂志》发表《知识阶级的自身改造》一文,发出了这样的呼吁:"中国的智识阶级呵!你们人格的破产,已不能讳言的了;你们地位的堕落,差不多要万劫不复了;你们欲自己拯救自己,就请从实地做起罢!"[2]

在时人看来,知识阶级反省是为了明确使命与责任,因为不知社会责任本身就是一种堕落。需要指出的是,从理论上讲,传统所谓"士为四民之首",本身就包含了"士有指导社会的责任"的应有之义。故梁

---

[1] 陶孟和:《孟和文存》,载《民国丛书》第五编(92),上海书店据亚东图书馆1925年版影印,第27—30页。
[2] 《东方杂志》第19卷第4号,1922年2月25日,第2页。

启超于1915年说,欲增进"国民自觉心","则非国中士君子常提命之而指导之不可"[1]。"五四"前后,知识阶级依然强调自身的使命和责任在于指导民众。例如,李大钊于1920年年初说:"知识阶级的意义,就是一部分忠于民众作民众的先驱者。"[2] 张东荪说:"若有人问我:谁能救中国?我敢毅然决然答之曰:知识阶级若能具此种精神便能救国。"[3] 枕欧则说得更明确:知识阶级的责任"在指导群众,引领群众,去开辟一条新途径"。"简单地说,一方面指导群众以不应该走的路,一方面引领群众到应该走的路。这样就是知识阶级应有的责任,也就是知识阶级维持自己在社会上的要素。"[4] 但问题在于,迄五卅运动前,人们所谓的"解放与改造""拯救自己",或叫使命、责任及作民众的前导与先驱等,究其实质,均未超出新文化运动中

---

[1] 梁启超:《敬举两质义促国民之自觉》,载《饮冰室合集·文集》(33),中华书局1989年影印本,第40、41页。

[2] 李大钊:《知识阶级的胜利》,载《李大钊文集》下,人民出版社,1984年,第206页。

[3] 东荪:《谁能救中国》,《东方杂志》第20卷第12号,1923年6月25日,第24页。

[4] 《知识阶级堕落底原因》,《京报副刊》1925年1月14日,第4版。

三、"五四"后知识阶级的自我体认(1920—1926)

思想解放的范畴。例如,张东荪以为"知识阶级的解放与改造",最主要的就是"人性改造",包括"思想的解放"与"新道德的创造"[1];化鲁认为,"知识阶级的最重要任务",就是宣传科学思想,"使理性放出光明"[2];枕欧则说,知识阶级的责任就在于,"一方面要努力的破坏社会上一切不合理的卑鄙的生活制度和传统观念;一方面努力的创造一种平坦的合理的高尚的愉快的境地来"[3]。1920年年初的李大钊尚非马克思主义者,他是在强调"五四"以来"知识阶级的胜利"的意义上,强调其当为民众的先驱者,也并未超越思想运动的范围。如此等等。不过,其时有两篇文章仍值得注意:

一是1922年俄国人爱罗先珂在《晨报副镌》发表的题为《智识阶级的使命》的演讲,高度评价俄国知识阶级在农奴解放后不久,为唤醒民众拯救国家,"到

---

[1] 《中国智识阶级的解放与改造》,《解放与改造》第1卷第3号,1919年10月1日,第1页。

[2] 化鲁:《智识阶级最重要的任务》,《东方杂志》第20卷第18号,1923年9月25日,第1页。

[3] 枕欧:《知识阶级堕落底原因》,《京报副刊》1925年1月14日,第4版。

民间去"努力奋斗的爱国精神；同时，也坦率地批评了中国知识阶级追逐物质享受，缺乏为国为民的使命感和身体力行的勇气。他说：据我观察，中国的知识阶级"同自己的人民相隔绝"，"一点没有牺牲自己的伟大精神，虽然他们亦许会为自己的理想而牺牲别人。我就要说，为布党一扫而空的俄国智识阶级所有的罪恶，中国的智识阶级，——就我观察所及——样样都具备，而他们的好处，却一样都没有"[1]。演讲为各报纷纷转载。《民国日报》在转载时，主编邵力子加了"评论"说，希望自己和全国知识阶级都把这篇演讲当作"座右铭"和"当头棒喝"[2]。爱罗先珂讲演的意义，不仅在于作为外国人，其坦率、尖锐的批评所表达的善意，令国人感动，更重要的是，他借俄国社会运动的历史经验告诫国人：所谓为国为民的知识阶级使命，"这些话光是说说是很容易的"，但重要在于"要见诸实行"；而将思想变成实际运动是需要有"牺牲自己的伟大精神"，"不是那些衣服比我们穿的齐整和讲究的

---

[1] 爱罗先珂：《智识阶级的使命》(讲演)，《晨报副镌》1922年3月7日，第1版。
[2] 邵力子：《邵力子文集》下册，中华书局，1985年，第654页。

三、"五四"后知识阶级的自我体认(1920—1926)

男女们所能担当的"[1]。与上述张东荪等人相较,爱罗先珂的心胸显然更广阔,他对问题的理解早已超出了思想运动的范畴,其大声疾呼,目的是希望中国知识阶级投身到现实的社会运动中去,以实践自己的使命和责任。但遗憾的是,这毕竟是外人的讲演,它可以感动国人,却不代表国人的高度。故我们注意到,直到五年后,才有鲁迅在《关于知识阶级》一文中特别评述这篇讲演,鲜明地彰显其旨趣,[2] 足见这篇讲演真正的重要性,其时尚未被人完全理解。下面提到的蒋梦麟文章,便是一个例证。

二是蒋梦麟于1924年发表《知识阶级的责任问题》。此文中心不在讨论责任本身,而在强调一种观点与思想主张:知识阶级有参与实际政治的责任,"不过我们须认定参与要有界限罢了"。所谓"界限"含义有三:其一,参与政治可以,但"不能妨害学术研究

---

[1] 爱罗先珂:《智识阶级的使命》(讲演),《晨报副镌》1922年3月7日,第1版。
[2] 鲁迅说:知识阶级的弱点在于好空谈,但"在革命时代是注重实行的,动的;思想还在其次"。重要的是要能将"思想运动变成实际的社会运动"。(《鲁迅全集》(8),人民文学出版社,1981年,第187、188、191页)

和长远的问题"。其二,知识阶级所负的责任,"在尽力符间接求同情和助力的人们的希望",而"不必抽象的唱救国拯民的高调了,抽象的国和民,是无从着手拯救他们的"。其三,对于国民"不能自助者",除灌输常识给他们外,不必助他,也无从助他;反之,知识阶级不能自助,也不必求人助。其责任"在与有相当能力者之互助"。蒋梦麟认为,五四运动得不偿失,巴黎和会签约虽被阻止,但结果总还是失败,而"学校成绩的退步,青年的堕落",全国滔滔,政治仍没希望,说明知识阶级参与政治过头了。故"悬崖勒马,能发能收,这是知识界的本职"[1]。蒋梦麟的思想主张固然未曾超出思想运动的范围,但更值得注意的是,他提出上述"界限"论,实际上是将此种思想倾向进一步理论化了。知识阶级中的多数人并非专业的政治家与社会活动家,各有学术文化的本职工作,不能因热衷政治荒废了主业,此乃常识,并没有错;但问题在于,这与他所强调的所谓知识阶级参与实际政治当有"界限",不是一个概念。从蒋梦麟明显颠倒五四运

---

[1]《晨报副镌》1925年6周年纪念增刊,第11、12、13页。增刊出版于1925年,本文写作时间却是2014年11月。

三、"五四"后知识阶级的自我体认（1920—1926）

动历史价值的错误判断中不难看出，他把思想文化看得高于一切，而低估政治，有失偏见。故他说，政治不良端在社会，社会不良，"根本的原因，在科学、学术、思想的不发达"；故归根结蒂，欲改良政治，终在求科学文化的发展。其言似是而非。在国势阽危的情状下，他强调诸如"不能妨害学术研究与长远问题"，要"能收能放"；所谓"不必抽象的唱救国拯民的高调"，责任只"在与有相当自助者之互助"等，无非冠冕堂皇，实则恰恰暴露出爱罗先珂批评的中国知识阶级的普遍弱点：与自己的人民相隔绝，空言使命与责任，缺乏"牺牲自己的伟大精神"。是文对此前爱罗先珂的著名讲演，不仅讳莫如深，而且其主张实无异对前者的消解。蒋梦麟的思想不是孤立的，他的"界限"论，代表了胡适等一大批自由主义者普遍存在的思想倾向。换言之，此期知识阶级对自身使命与责任的认知，所以总体上未能超出思想运动的范围，而与实际的社会运动格格不入，究其根本误区，乃端在囿于上述的"界限"论，脱离民众，脱离社会实际。

然而，形势比人强。随着五卅运动和三一八运动接连发生，国民大革命的浪潮洪波涌起，被推到风口浪尖上的知识阶级，无论自觉与否，作为整体，其思想与实践实际上最终都冲破了"界限"论的藩篱，跃升到了一个全新的境界。以北京、上海知识界为例，这主要表现为两个方面：

第一，积极投身运动，表现了高昂的爱国热情和感人的牺牲精神。

五卅惨案发生后，全国迅速掀起了一场轰轰烈烈和震惊世界的反帝爱国运动。知识阶级受强大的民族主义力量的感召，投身其间，表现出了高昂的爱国热情和感人的牺牲精神。北京各校办学经费长期短缺，教职员生活困难。但惨案发生后，不仅各校教职员纷纷捐薪，此前曾为金佛郎案项下经费的分配问题争吵不休的各国立学校当局，也顾全大局，形成共识，议决要求财政部将第二批金款教育费50万元项下，拨出25万元支持上海罢工。[1] 东南大学教授会则通电京内外各校，提议将金佛郎案项下150万元移充救济上海失业工人。为表示诚意，请先将本校此次应领之

---

[1] 《政府接济沪案款之质疑》，《申报》1925年7月13日，第2张（6）。

三、"五四"后知识阶级的自我体认(1920—1926)

四万余元,立即汇上海中国银行转上海总商会。[1]新闻界也反应踊跃,为推动全社会募捐,晨报社成立沪案后援募捐团,发表《启事》承诺"募捐一切费用概由本社承担","所有捐款付收据,大名登报,以重手续而清账目。免除一切汇费电费"。该报另有《沪案免费广告办法》,承诺事关沪案,用团体名义开会募捐等等,在限定字数内,广告一律免费。[2]同时,其广告词申明大义,也让人感奋不已:"诸君!上海数十万工人为甚么罢工?他们站在前线奋死打仗,我们应该怎么样呢?中国是大家的,难道我们坐着看热闹么?我们援助他们,就是救中国。我们援助他们的唯一方法,只有供给战费。快来庆募!快来捐款!"[3]

许多学者平日埋头学术,不问窗外事,现在却主动走出书斋,或撰文呐喊或与学生一道走上街头示威游行。《京报副刊》主编孙伏园感慨地说:钱玄同先生"以一个极端主张思想自由的学者",这回也出来撰写

---

[1] 《东大教授建议以金款救济失业工人》,《申报》1925年6月29日,第3张(10)。北京大学教职员也有同样提议,后考虑教育界自身亦困难,改为提捐10万元。见《北京大学日刊》,1925年6月16日。

[2] 《晨报》1925年6月9日,第2、7版。

[3] 《晨报社沪案后援募款团》,《晨报》1925年6月12日,第3版。

评论，宣传反对帝国主义，"做起'国民十足'文字来"。顾颉刚先生，"向来是线装书，线装书，线装书里面钻着"，只关心他的"疑古"，这回也动手写起通俗易懂的传单，实让人肃然起敬。[1] 实际上，顾颉刚还加入了北京大学学生救国团，被举为出版股主任，《京报副刊》与救国团合作的《救国特刊》共 16 期，就是由他主编的。他亲撰的文章多达 20 余篇。[2]《上海的乱子是怎么闹起来的？》《伤心歌》两份传单，由孙伏园等多位友人共同捐资用中国纸印刷 5 万张分送。文章由顾颉刚主撰，"不合北京话的口气"，经另一位教授改过。为通俗起见，他们在文字上下了很大功夫：一是"少用乃至不用特别的或新鲜的名词，为民众脑筋中所没有的"；二是"不用标点，恐怕民众因为一时没有看惯标点而把全文不看了"；三是"决不愿意因此传单而发生排外的流弊，所以在末节里特为郑重声明"[3]。视学术为生命的大学教授们，竟能如此忘我地

---

[1]《救国谈片》,《京报副刊》"上海惨剧特刊",1925 年 6 月 13 日,第 1 版。

[2] 参见《顾颉刚日记》第 1 卷，联经出版事业公司，2007 年，第 627—768 页。

[3] 顾颉刚：《上海的乱子是怎么闹起来的？》一文"伏园敬按",《京报副刊》1925 年 6 月 12 日, 第 2 版。

三、"五四"后知识阶级的自我体认（1920—1926）

投入，出钱出力，亲力亲为，一丝不苟，不难想见他们曾表现出了多么高的热情。耐人寻味的是，在这一过程中，知识阶级对于自身的反省也变得更加自觉和深入了。例如，孙伏园说："现在智识阶级要得国人的了解与帮助了，可惜急来抱佛脚已经来不及了，但是不抱又有什么法子呢？智识阶级的讲演没有人懂得，是数十年来智识阶级懒于从事教育事业的惩罚；智识阶级的唯一赎罪方法，就是赶紧像'填鸭'一般将国民应知的常识灌输到民众的头脑中去。""我希望经过这一次创痛以后，智识阶级比对于一般平民的帮助格外尽力！"[1]

知识界的教职员，尤其是年长的教授们不顾烈日暴雨，与民众一起走上街头示威，尤属难能可贵。1925年6月11日，《晨报》报道"二十万人齐集天安门"，内有"大学教授随队游行"一节，写道：是日北大教授参加游行者不下数十人。大雨来时，年高体弱者多相率归去，而随大队继续前行仍有多人。"当冰雹交加狂风怒吹之际，记者犹见该校教授周鲠生、徐

---

[1] 《此后的中国》，《京报副刊》1925年6月7日，第2版。

炳昶、张竞生、李书华、颜任光等，追随示威队伍奋勇而前也。"[1] 是日，钱玄同也参加了游行，他在日记中说"今日天安门开国民大会，孔德亦加入。我于二时到孔德，与隅卿、维钧及学生数人同出散传单"，至王府井，大雨倾盆，只好躲雨，"而国民大会诸公则成淋鸡矣"[2]。凑巧的是，当日吴虞在大栅栏，也正赶上了国民大会散场，他在当天日记中写道：男女学生周身湿透，仍高呼绝交，吾急停车让之，"几为落泪"。还看到北大教授"徐旭生、戴夷乘同学生步行泥途中，甚可感也"[3]。

如果说，在五卅运动中，知识阶级积极投入，表现了真诚与热情，那么，在三一八惨案中，他们与学生生死相依，则是进一步表现出了大无畏的牺牲精神。"三一八"当天游行，"各校的教授，尤其是北大的教

---

[1]《晨报》1925年6月8日，第3版；6月11日，第3版。

[2] 杨天石主编《钱玄同日记》（中），北京大学出版社，2014年，第642页。

[3] 吴虞：《吴虞日记》下册，中国革命博物馆整理，荣孟源审校，四川人民出版社，1986年，第22页。

三、"五四"后知识阶级的自我体认(1920—1926)

授参加得很多"[1]。17日晚10时半,清华大学评议会主席接到明日游行通知,"当即摇铃召集评议会,通过参加国民大会"[2]。不难想见,惨案发生时,有包括李大钊、朱自清、陈翰笙等许多教职员和学生一起在执政府门前共同经历了一场出生入死的生死劫!缘此便不难理解,何以对惨案记述最详也最客观的三篇亲历记,恰恰都出自于学者与新闻记者之手。它们分别是:朱自清的《执政府大屠杀记》、陈翰笙的《三一八惨案目击记》和《东方杂志》的现场摄影照片《惨案写真》。[3]前二者记录了现场的惨烈;后者则"将执政府当日卫队荷枪实弹的布置和学生徒手站立门前情况摄制照片印出,足证楚溪春亲历记所说'前排卫队未带武器'和学生'执有铁头木棍'为歪曲事实和诬蔑学

---

[1] 马叙伦:《我在六十岁以前》,载《马叙伦自述》,中国大百科全书出版社,2012年,第62页。

[2] 彝鼎:《十八日惨案之经过》,《清华周刊》第24卷第5期,转引自孙敦恒、闻海选编《三一八运动资料》,人民出版社,1984年,第103页。

[3] 分别见于:《语丝》第72期,1926年3月29日;《现代评论》第3卷第68期,1926年3月27日;《东方杂志》第23卷第6号,1926年3月25日。

生"[1]。这些现在都成了珍贵的历史资料。此外,人们一般只知道段祺瑞政府为推脱罪责,造谣共产党煽动暴乱,并发出了对易培基、李大钊等五人所谓的通缉令;实则,其内部最初拟通缉的学界人士多达百人,还包括蒋梦麟、朱家骅、鲁迅、周作人、许寿裳、孙伏园等在内。[2]他们中许多人后因此失去了职位。4月中下旬,随着段祺瑞下台和奉军入京,蒋梦麟等人被迫四处走避,《京报》主笔邵飘萍遇害。在三一八运动中,知识界担负的实际责任和付出的代价,更甚于五卅运动。遗憾的是,这一点迄未被人所重视。不过,我们仍可以说:知识界在两场运动中的真诚投入与表现出的牺牲精神,当足以让曾对中国知识阶级深感到痛心的爱罗先珂释然了;同样,学者们毅然走出书斋,与学生并肩游行示威,甚至甘赴"死地"(陈西滢语)而不悔,其出于至诚的爱国言行,岂能有所谓预设的"界限"可言?而"界限"论始作俑者蒋梦麟本人,恰

---

[1] 范体仁:《北京三一八惨案亲历记》,载《文史资料选辑》(合订本)第102辑,中国文史出版社,1999年。
[2] 《三一八惨案之内幕种种》,载江长仁编《三一八惨案资料汇编》,北京出版社,1985年,第44页。

三、"五四"后知识阶级的自我体认(1920—1926)

恰就是他们的重要组织者之一,岂不耐人寻味!

第二,实际发挥了民众运动指导者的重要作用。

如果说,在"五卅"前,知识阶级当为民众的指导者与先驱者的说法,尚多属于空泛的议论,那么,惨案发生后,这实成了社会的期许与知识阶级当仁不让的勇敢承诺。例如,戴电原说,当下最重要的是,"爱国之士(尤其是知识阶级)应如何趁此时机领导国民誓死反抗惨无人道之英日,一扫帝国主义之凶焰"[1]。北京救国团发表对全国知识阶级宣言也说:"我们现在极盼望民众指导者的知识阶级,来协助我们,指导我们,使我们能在救祖国灭亡的战线上,克尽我们所有的战斗力。"[2]知识阶级对此作出了积极的回应。曾为新文化运动策源地的北京大学师生,再次表现了不凡气度。学生们说:"沪案发生,群情愤激。我校自五四以来素为舆论之向导",此次运动自应继续努力,"俾

---

[1] 戴电原:《甘愿亡国灭种之梁启超顾维钧等的宣言》,《京报副刊》1925年6月25日,第6版。
[2] 《本团执行委员会对全国知识阶级宣言》,《京报副刊》1925年7月15日,第8版。

克发挥正义,唤醒国人"[1]。而全体教职员也公开表示:"以为沪汉事件所关各问题,吾人对于民众有宣传与指导之必要。"[2]北京教育界向来颇具势力,1925年6月初,由包括公、私立及教会学校在内140多所大中小学组成的北京各校校长教职员联合会,发起成立北京各校教职员沪案后援会联合会(下简称教援会),与学生各校沪案后援会相对应。由它复发起成立北京各界联席会议。在上海,工商学界联合会是运动的领导核心;北京由于工商界滞后,没有这样的核心机构,教职员与学生的团体构成了运动两大主力。尤其到了三一八运动时期,原有各界联合战线不复存在,站在学生一边的社会力量,从一开始主要就是教育、新闻界,即整个的知识界。换言之,就在运动中的影响力而言,京沪知识界不可同日而语。其中,北京大学教职员及其教援会居北京知识界的龙头地位,不仅如此,它派出代表到天津、上海、南京、武汉各地联络,与

---

[1] 《宣传股特刊编辑处征稿启事》,《北京大学日刊》1925年6月8日,第2版。

[2] 北大沪案后援会文书股委员会启:《本新教职员诸先生公鉴》,《北京大学日刊》1925年6月17日,第1版。

三、"五四"后知识阶级的自我体认（1920—1926）

地方社团声气相通，协同并进，实际影响及于全国。所以，以北京知识界为例，讨论运动中知识阶级实际发挥了对民众运动的重要指导作用是恰当的。这可举三事为证：

其一，提出"单独对英"的主张，促进了整个运动目标的集中。五卅惨案发生后，各界对于运动的目标是什么，从一开始便存分歧，多数主张英日并列；中共及国民党左派则主张反对一切帝国主义，理由是：帝国主义代表一种制度，是一个整体，任何缩小目标之说，都无非对某些列强心存幻想，结果只能"减杀民众革命的精神，便宜美法日本"[1]。但以北京大学教援会为代表，却主张再缩小范围，单独对英。理由是：应进一步集中力量，迫使于中国为害最深的英国放弃不平等条约，将来与其他各国的修约就自然变得容易了。他们认为，北京政府所以始终不愿单独对英交涉，而以公使团为对象，是怕得罪英国，有意敷衍。6月20日北京大学以全体教职员的名义致书外交总长，要

---

[1] 但一：《革命势力与反革命势力》，《中国青年》（汇刊）第83期，1925年7月23日，第482页。

求单独对英修约。[1]7月初,北京大学教授会进一步提出《沪案交涉建议书》,请京各团体联署后交北京政府,得到各界普遍支持。北京各校教授会联合会遂决定,"明日举行全城大讲学",主旨便是"单独对英"[2]。同时,派代表赴各地协调,形成了普遍共识。"沪案发生以来,全国示威抵制及其他爱国运动,几至于一致以对英为目标,并非偶然之事。"[3]当然,这是以废除中英间不平等条件为前提条件,与梁启超诸人主张单独对英,以便"就事论事"尽早了结沪案,不能相提并论。中共反帝的立场最坚定,但是它视列强为铁板一块,主张全面出击,不免失之于"左",即简单化。[4]"单独对英"集中了整个运动的目标,令英国在华利益与国际形象受到了沉重打击。美国在华报纸《大陆报》

---

[1] 《北京大学日刊》1925年6月16、27日;《修改中英不平等条约》,《时事新报》1925年7月1日,第1版。

[2] 《单独对英论》,《时事新报》1925年7月14日,第1版。

[3] 《关于沪汉粤案交涉之建议书》,《京报》1925年7月11日,第5版。

[4] 中共受共产国际影响,将西方列强视为铁板一块的简单化思维,到抗日战争时期才发生真正改变,进而注意融入世界与转向民族传统。参看王桧林《中国共产党在抗日战争时期的两种趋向:融入世界与转向民族传统》,载《三余丛稿:我与中国现代史》(下),北京师范大学出版社,2015年。

三、"五四"后知识阶级的自我体认(1920—1926)

载文说:"虽英日两国特别成为众矢之的,刻下席卷全国的运动无疑是与所有缔约国都有直接的利害关系的。许多善意的中国人说与中国有条约关系的美法意等国不会受到影响,事实上这些国家还是受影响。"[1]这说明,知识阶级倡导的单独对英策略,最终打击的还是整个帝国主义的在华势力,与中共的主张虽相反实相成。

其二,坚持沪案是政治问题,反对以单纯法律手段谋解决。五卅惨案的性质是什么?是单纯的刑事犯罪,因而当以单纯法律手段谋解决;还是涉及国家主权的政治事件,因而当从国家层面谋对外交涉?这是关乎认定事件真相与把握运动方向的重大问题。惨案发生后,6月11日,梁启超、顾维钧、丁文江等8人联名发表宣言,俨然以第三方的立场,主张由中外共同组成委员会,调查事件,明确责任。[2]这自然引起了舆论哗然,批评之声不断。但是,真正击中问题要

---

[1]《我们飘荡到何处去?》,《大陆报》1925年6月17日。转引自上海社会科学院历史研究所编《五卅运动史料》第三卷,上海人民出版社,2005年,第773页。

[2]《梁启超等人之意见》,《申报》1925年6月11日,第2张(6)。

害的代表作，却是6月16日《晨报》上发表的，署名为"北大教职员同人"的《关于沪案性质的辩正》一文。如题目所示，它一针见血地点明了问题的实质所在："沪案不单是一个法律问题"，而是"根本上是一个政治问题"；"我们要根本的打破英人在中国的特权地位"。作者认为，某些人主张所谓联合调查，国际仲裁，"徒然淆沪案的真相"，无异于自取其辱。[1] 事件的性质既是政治问题，因而其解决的根本途径，只能在于反对帝国主义与最终废除不平等条约，这里绝不容许以治标、治本为借口，将沪案解决与"根本解决"相割裂，从而偷梁换柱，将问题变成就事论事的司法事件，祸国殃民。7月中，北京大学教授会进一步推动了北京各界联合会向段政府上《沪汉粤交涉建议书》，明确警告说：沪案乃政治问题而非法律问题，这一点是民意，绝不容有任何模糊或假借。[2] 上书次日，各界代表近400人又齐集北京大学第三院，推北京大学教授会代表朱家骅为主席，商讨再次组织大规模民众

---

[1]《晨报》1925年6月16日，第3版。
[2]《京各公团之沪汉粤交涉建议书》，《申报》1925年7月13日，第2张（7）。

请愿,以敦促政府从速交涉。[1]从发表文章到上书段祺瑞政府,再到商议组织请愿,由北京大学教授会直接策划和组织推动的这一连串动作,产生了重大社会影响,以至于梁启超不得不回应说,自己并不否认沪案属政治问题。尽管此前中共发表的告全国民众书先已指明了这一点,[2]但知识界的这一卓有成效的努力,无疑有助于提高国人的认识,推动整个运动沿着反帝爱国和主张取消不平等条约正确的方向发展,从而进一步扩大了自己的声势。

其三,肩负起了对国人进行反帝爱国教育的责任。孙伏园曾反省说,民众对于"帝国主义"的名词等不明白,"这个责任应该由知识阶级来负"[3],这固然不错;但是,"五卅"后,有关帝国主义侵华史、租界史的研究与宣传,因报刊出版媒介的传播,空前普及,又恰恰当更多地归功于知识阶级。由于自身学有专长,他们通过著述讲演等各种方式,在历史与现实

---

[1]《京各界代表又向执政请愿》,《申报》1925年7月17日,第2张(6)。

[2]《中国共产党为反抗帝国主义野蛮残暴的大屠杀告全国民众》,载《中共中央文件选集》(1),中共中央党校出版社,1989年,第420、421页。

[3] 伏园:《此后的中国》,《京报副刊》1925年6月7日,第2版。

的结合上，揭露帝国主义对华侵略和呼吁废除一切不平等条约，卓有成效地肩负起了对国人进行反帝爱国教育的责任。这其中，北京大学教授更形活跃。如周鲠生在武昌大学演讲《不平等条约废除问题》；王世杰在本校演讲《沪案问题之性质》；马寅初在湖南会馆演讲《中英日之经济的关系》，如此等等。晨报社出版的《五卅痛史》将燕树棠写的一篇文章收入作为导论，"前言"说："中国在各帝国主义压迫之下，过了八十多年的苟安生活！这次五卅事件是帝国主义者最彰明较著的侵略事实。"在各国中，英国最阴险狠毒，单是英国侵华史就需要写成一大本书。"好在燕树棠先生有一篇《英国侵略中国的概要》，写得简洁明了，我们特抄作这本书的引子。"[1]《帝国主义与中国》一书，是多位学者演讲、文论的结集，《学灯》介绍说："二三年来，国人对于帝国主义一名词已经加以注意，但是帝国主义究竟是怎么东西？帝国主义侵掠中国的方式是怎么样？打倒帝国主义在中国的势力应该采取何种手段？

---

[1] 《五卅痛史》，"痛言"，《晨报》编辑处、清华学生会编，1925年版，第1页。载沈云龙主编《近代中国史料丛刊》第16辑，文海出版社有限公司，1986年。

三、"五四"后知识阶级的自我体认(1920—1926)

中国各地的反帝国主义的实况是怎么?这些问题在每个自谋解放的中国国民都急于要知道的。此书有当代名人的著作二十余篇,于此上问题,都有详细的说明,实为注意帝国主义者一本好的读物。"[1] 人所共知,"打倒帝国主义,打倒军阀",在"五卅"后成为了妇孺皆知的流行语,初识个中道理的国人也空前增加了,此中知识阶级厥功至伟,可谓今是而昨非。

知识阶级既积极投身反帝爱国运动,实际肩负起了指导民众的责任,这自然也意味着"界限"论的教条:"不必抽象的唱救国拯民的高调",责任只"在与有相当能力者之互助",同样烟消云散了。

1926年4月,有人致书《京报副刊》,提出了一个十分深刻的见解。他说:从五四运动到科玄之争,中国思想界所争的问题无非以东西文明为中心;近数年来却出现了新趋向,"即以民族观念为中心,直接的间接的关于国家与国际的一套问题。前一期的时代前驱便是新文化运动的领袖们,他们大都是主张思想革命的",但现在他们落伍了,因为"在后一期的时代

---

[1] 《时事新报》1925年7月29日,"学灯"广告。

却是'废除不平等条约''打倒帝国主义'的口号,这实在是彻底的政治革命运动的时代呀!"[1]新文化运动的领袖们,未必都落伍了,其说不无简单化,但却有助于我们对"五卅"后的知识阶级,刮目相看:他们既是主张"废除不平等条约""打倒帝国主义"运动的主力军之一,其思想显然不曾落伍,相反,超越了"主张思想革命"的新文化运动时期,而跨入了"彻底的政治革命运动的时代"。无独有偶,另有人致书《现代评论》评析"学界的新趋势"说:"他们早知非从政治方面改造中国,解放中国,内不足打倒祸国殃民的军阀,外不足抵抗帝国主义的侵略,所以他们决心来到这个政治战场上了。"[2]所以,毫不足奇,等到"三一八"后北伐战争揭幕,知识阶级作为整体,便愈加明显地转向了国共领导的国民革命阵营。质言之,"五卅"后知识阶级对于自身使命与责任的体认,所以较前不可同日而语,归根结底,在于它已自觉地与缘此肇端的一个全新的时代相联系。

---

[1] 侯兆麟:《一封通信》,《京报副刊》1926年4月19日,第7版。
[2] 王慎明:《学界的新趋势——致现代评论记者》,《现代评论》第3卷第78期,1926年6月5日。

三、"五四"后知识阶级的自我体认（1920—1926）

（三）浪漫的情怀：以社会精神领袖自居

经此国民革命大潮的洗礼，这个"新起的阶级"也明显地提升了自信力。

1924年，蒋梦麟发表《知识阶级的责任问题》提出"界限"论时，他强调说：形成阶级需两个条件，一是于社会上占一种相当的势力，二是本身必有一种团结和组织。中国知识阶级人数既少，漫无组织，哪称得起这名称，只是个"纸老虎"[1]而已。这不只是谦虚，也反映了其时的知识阶级确实缺乏底气。但是，到王世杰于1926年6月发表《学校与政治》，气势便大不同。他在文中虽然也谈到教员参加政治活动，"总得维持一定的步伐与范围"，但其核心思想是强调必须使教育界为一种"独立的政治势力"。他说："欲使教育界的势力，成为一种政治势力，必须使教育界的势力，成为一种独立的势力。这便是我的第一项意见。"所谓"独立的政治势力"，说到底，就是要保证教育界

---

[1] 《晨报副镌》1925年6周年纪念增刊，第10页。

的言行,"对于政治上的恶势力,乃能成为一种制裁力"。他不仅开门见山,高调倡言欲使教育界成为一种制衡现实政治的独立势力,而且表示全国有专门学校与大学近130所,每年培养青年至少也在三四万人,"五年十年之后,安见不给我们一些光明!"[1] 王世杰当仁不让、志在必得的气势与抱负,显然与上述的蒋梦麟相较,已不可同日而语。至于朱亦松说,要进一步形成全国规模的组织,"我知识阶级苟有此全国规模之组织,则成为国内一种绝大势力,于是协同其他各界,对内可以遏制军阀横行,而力谋国政之改良",对外则指导国民自觉心,以适应世界大势,"此我知识阶级所负唯一指导重责也"[2];主张要使知识阶级成为全国规模的"一种绝大势力",心气自然就更高了。

然而,知识阶级在提升自信力的同时,自视清高、不免自大的心态,也日渐显露。要看到,即使是在"五四"前后乐于自省之时,也难掩这一点。例如,一

---

[1] 王世杰:《学校与政治》,《现代评论》第4卷第81期,1926年6月27日,第6页。
[2] 朱亦松:《论五卅惨案与国民自觉心》,《时事新报》1925年6月16日,第1版。

三、"五四"后知识阶级的自我体认(1920—1926)

些人将中国时局危殆都归罪于知识阶级之失职,表面上是严于自谴,实则于无形中还是高估了自身。故张东荪一面斥知识阶级堕落,罪恶不小;但同时却又说,知识阶级不是具体经济上的阶级,而是代表整体社会的阶级。"故知识阶级在政治上实为近水楼台,除绝对个人无政府主义外,这种事实是无法消灭的。因此不谭政治则已,谭政治舍改造知识阶级外无由。"[1] 名为批评,实则褒扬。"五卅"后,知识阶级在爱国运动中发挥了很大的作用,自视也更高。许仁廉说:"中国惟一的希望,在知识阶级。鼓动舆论在我们;打倒中华民族内奸外敌,也有我们;建设民治基础,也在我们。我们再不负责任,以中原之大,人口之多,再没有别人负责任了。"[2] 大有舍我其谁的意味。"五四"前后"劳工神圣"的说法曾风行一时,主张知识阶级应与劳动阶级即民众相结合也曾是时髦的口号;但"五卅"后,轻视后者的观点,又多故态复萌。例如,西滢说:"中

---

[1] 张东荪:《谁能救中国》,《东方杂志》第 20 卷第 12 号,1923 年 9 月 25 日,第 24 页。
[2] 许仕廉:《首都流血与军学阶级战争》,《现代评论》第 3 卷第 68 期,1926 年 3 月 19 日,第 19、20 页。

国的没有出息，还是一般国民的责任。不要让中国没出息到底，那是知识阶级——连学生在内——的责任。"[1]《国闻周报》记者在《评论国民运动之一句公平话》中说，劳工阶级只是中国"将来势力"，而知识阶级则是中国"今日真正之势力"[2]。刘治熙干脆认为，"在国民革命的程途中，总要保持本末的秩序与头脚的平衡"，即要确保包括知识阶级在内的小资产阶级的领导，但是"现在中国的情形已经是头重脚轻了——小资产的革命思想与势力没有劳动的强大——而一般提倡劳动阶级革命者更从而激荡之，这是多么危险的事啊！"[3] 这些与此前张东荪强调，"劳动阶级与知识阶级的混合是我们最后的目的；但是知识阶级自身未改造以前，不能加入到劳动阶级去；就是去了也把劳动阶级沾染了"[4]，相去不可以道里计。

---

[1] 西滢：《闲话："中国国家弄到这般田地，完全是智识阶级的责任"》，《现代评论》第 2 卷第 30 期，1925 年 7 月 4 日，第 12 页。

[2] 《国闻周报》第 2 卷第 27 期，1925 年。

[3] 刘治熙：《劳动阶级与国民革命》，《现代评论》第 2 卷第 49 期，1925 年 11 月 4 日，第 22 页。

[4] 张东荪：《中国知识阶级的解放与改造》，《解放与改造》第 1 卷第 3 号，1919 年 10 月 1 日，第 1 页。

三、"五四"后知识阶级的自我体认(1920—1926)

不过,上述多为染有个人情感色彩的表述,并不足为训。实际上,更值得注意的是,其间,知识阶级以中国社会的"精神领袖"与指导者自居的思想,日渐显露。

此一思想可追溯到梁启超。1902年,他在《新民说》中说道:"今日谈救国者,宜莫如养成国民能力之为急矣。虽然,国民者其所养之客体也,而必更有其能养之主体……主体何在,不在强有力之当道,不在大多数之小民,而在既有思想之中等社会。"[1] 所谓"既有思想之中等社会",就是指包括他自己在内的知识阶级(当时的维新派人物)。1918年杜亚泉发表《中国之新生命》也指出:中国要发生新生命,希望在于新势力,新势力何在?就是一批"储备其知识能力",保有个性与从事社会事业者。似此之人,自戊戌以来,如凤毛麟角,不可一见,"而最近数年中,乃渐增其数"。"现今文明诸国,莫不以中等阶级为势力之中心,我国将来,亦不能出此例外,此则吾人之所深信者也。"[2]

---

[1] 梁启超:《新民说》,载《饮冰室全集·专集》(4),中华书局1989年影印本,第156页。

[2] 《杜亚泉文存》,第215页。

他所谓的"中等阶级",同样是指知识阶级。次年,在《知识阶级之团结》一文中,他又进一步提出:一些人主张靠劳动阶级改革政治,然劳动阶级虽人数众多,但"思想窒塞,团结既难,欲其为有节制有思想之行动,更为不易"。唯有知识阶级人数虽少,有知识思想,情感易通,借此阶级的团结,"吾以为改良吾国之政治,直易如反掌,较欧美劳动阶级之势力,有过之无不及也"。故他断言:八九年来,国民党、进步党、旧国会、新国会,无非彼此排斥,置国家于不可收拾之势。往者已矣,来者可追,其端即在于求"知识阶级之团结"[1]。换言之,组织起来的知识阶级就是他心目中赖以建设"以中等阶级为势力之中心"的"新势力"。梁启超与杜亚泉的思想一脉相承:救国当寄希望于有知识有思想之知识阶级。不过,前者的具体提法是"中等社会",强调它是处于"强有力之当道"(清廷)与"大多数之小民"之间;后者的提法则是"以中等阶级为势力之中心",强调它居国民党、进步党、新旧国会等多元势力之中心地位。此种提法的差别,反映了民国建立后

---

[1]《杜亚泉文存》,第220页。

三、"五四"后知识阶级的自我体认(1920—1926)

政治格局多极化的变动。不仅如此,梁强调知识阶级为"中等社会",是就它为养成国民之主体,即为"新民"(开民智)的中坚力量而言,较为单纯明了;而杜强调以知识阶级即"中等阶级势力"为中心,不是就单纯的国民养成而言,而是就社会各派政治势力并存纷争的现实而言,故愈显其政治学上的复杂性。此其一。二者的所谓"中等社会""中心",都包含有中坚、核心、中庸、稳健与超越群伦等多重的意义。与执政当局及政党相较,知识阶级无权无勇,何以有资格在众多政治势力中立于中心地位?二人都强调,端在于它拥有知识与思想。这已隐然包含了知识阶级当仁不让,是社会共同精神领袖的自我期许。1920年,少年中国学会的余家菊说:"中国的有权者,是无足希望。只希望人民领袖的知识界,要认定制造社会意识是一切事业的根本。"[1]他表达的正是这一诉求。此其二。

在知识阶级未超越思想解放的范畴前,梁、杜的上述思想尚限于个人的观感,且表述也尚嫌模糊,故其影响有限。此期也未见有人重复梁、杜的具体提法。

---

[1] 余家菊:《什么是革命的最好方法?》,《少年中国》第2卷第1期,1920年7月15日,第40页。

但是，尽管如此，随着国共合作与国民革命肇端，它所提示的政治取向与自我体认，实已渐成知识阶级的潜意识，且日趋自觉。1924年年底，以胡适为代表的自由主义者不赞成国共两党号召抵制段祺瑞政府召集的善后会议，执意要参会，已显示出了知识阶级的政治个性。同时，更有北京大学教授周鲠生发表文章说：当今中国政治上存在三大势力，除手握兵权的军阀和有政治势力的政党外，便是"在社会上具有一种精神的势力，而常为一切政治运动社会运动的指导者之智识阶级"。因之，善后会议必须有"物望所归之中坚人物"，亦即"智识阶级的领袖"[1]参加。他以十分鲜明的语言与毫无掩饰的态度，公开声言：知识阶级不仅是中国现实政治格局中的一极，而且作为"一种精神的势力"，实居"为一切政治运动社会运动的指导者"之地位。这就将梁、杜的思想大大地推进了一步。故善后会议虽未成功，胡适且因参会备受压力；但重要在于，知识阶级自认在政治上"三分天下有其一"并具有在精神上领袖群伦资格之心态，却由此浮上了政

---

[1] 周鲠生：《我们所要的一个善后会议》，《现代评论》第1卷第2期，1924年12月20日，第7页。

治的台面。孙中山去世后,时局愈形复杂,此种心态也愈明显。1925年年初,有人致书胡适,建议由他和蔡元培出面组党。信中说:中山既逝,国民党分裂,所谓左派、右派都无甚希望,"生等以为为民治前途计,非有民治派的大结合不可,非有智识阶级为中心不可,非有众望所归之领袖不可"[1]。在来信者心目中,知识阶级是民治派大联合的中心与共同的政治领袖,取向十分鲜明。1926年,随着北伐战争胜利推进,虽然从总体上说,知识阶级逐渐归向国民革命,已成大势所趋;但仍有老敢发表《全国智识阶级对于蒋介石北伐应该取何种态度》一文,认为知识阶级对此当有独立的态度,不能随声附和。他主张派人去广东考察,"看蒋究竟于共产苏俄是什么关系",若发现其政策亲俄则反对,若非则支持。他说,这才是"公正无私"的态度,因为"智识阶级的意见应以确切可靠的事实为根据"[2]。老敢之仇俄仇共固不必说,但他面对严峻的政治抉择,仍要摆出貌似清高与独立不羁的态度,实

---

[1] 《金家凤、毛一鸣致胡适》,载中国社会科学院近代史研究所中华民国史组编《胡适来往书信选》上册,中华书局,1979年,第315页。
[2] 《国闻周报》第3卷第38号,第1—2页。

际上是再次顽强地表现了上述知识阶级普遍的心态，尽管迫于时局，所谓调查云云，无非是一种姿态罢了。实则，在此后的近代史上，知识阶级一直固执于此种自负。[1]

从唯物史观的角度看，缘于经济上的不稳定性，知识阶级不是独立而是过渡性的阶级，故它在政治上常表现出革命性与摇摆性并存，崇尚中庸，却复追求超然的理想主义，难免常陷浪漫的空想。1923年，陈独秀即指出："正因为知识阶级没有特殊的经济基础，遂没有坚固不摇的阶级性，所以他主观上浪漫的革命思想，往往一时有超越阶级的幻想，这正是知识阶级和纯粹资产阶级所不同的地方，也就是知识阶级有时比资产阶级易于倾向革命的缘故。"在革命运动中，它可以做出"不少革命的功劳"，也可以做出"不少反革命的罪恶"[2]。上述知识阶级的自负，正反映了其阶级

---

[1] 钱穆于1974年《国史大纲》修订本中，仍坚持说，"中国史之演进，乃由士之一阶层为之主持与领导"，而近代以来，"亟待有再度兴起的新的士阶层之领导与主持，此则为开出此下中国新历史的主要契机所在"。(《钱宾四先生全集》第28册，第627—628、913页)

[2] 陈独秀:《中国国民革命与社会各阶级》，载《陈独秀文章选编》中，生活·读书·新知三联书店，1984年，第366页。

三、"五四"后知识阶级的自我体认（1920—1926）

属性的特点。此外，从思想渊源上看，也与它对"唯有思想解决问题"认知之执着有关。胡适曾说："我们当日不谈政治，正是要想从思想文艺的方面替中国政治建筑一个非政治的基础。现在我们虽然因时势的需要，不能不谈政治问题，但我们本来的主张仍旧不当抛弃的。"[1] 虽然"五卅"后，知识阶级超越了思想解放的范围，开始直接介入了政治运动的实践；但其思想深处相信思想是政治的基础，"唯有思想解决问题"，依然执着。1926年年底，胡适致书丁文江说："今日之事只有三条路：一是猛烈的向前，二是反动的局面，三是学术思想上的大路（缓进）。我们既不能加入急进派，也决不可自己拉入反动的政治里去。"[2] 由于学术思想是知识阶级专长，故其自视甚高，就是合乎逻辑的事情。所以毫不足奇，尽管他们都在使用西方传来的"阶级"概念，但无论是梁启超还是胡适，并不承认以中共为代表的马克思主义唯物史观对知识阶级的定义。相反，如上述张东荪所言，却将之视为全社会

---

[1] 胡适：《我的歧路》，载《胡适全集》第2卷，安徽教育出版社，2003年，第475页。

[2] 《胡适全集》，第30卷，第421页。

的代表；或如上述周鲠生所言，是代表"在社会上具有一种精神的势力，而常为一切政治运动社会运动的指导者"。王世杰以为，包括国民党在内，中国各派政治势力都缺乏应有的思想和精神领袖。中国民众运动需要19世纪末英国费边社所代表的那样知识阶级权威的指导，[1]同样反映了这一点。

知识阶级以社会势力中心自居，自然是进一步印证了它的整体觉醒；同时，与上述强调一般意义上指导民众的责任与使命感相较，也自然大不相同，它显示了知识阶级更高的理想与抱负。然而，这毕竟不是对中国社会结构科学的认知，它夸大了自身的地位与作用，表达的只是一种改革者浪漫的情怀。故其自我体认，得失互见：提升了自身的社会责任感与使命感，却又往往遮蔽了时代的方向感，从而无法给自身的角色以科学的定位。在上述五卅运动和三一八运动中，它与国共的主张有同有异，却仍发挥了自己指导民众的独到与重要作用，从而彰显了自身的社会影响力，是其得；同时，它们中的许多人对中共与苏俄抱有偏

---

[1]《民众运动与领袖》，《现代评论》第3卷第54期，1925年12月5日，第3页。

三、"五四"后知识阶级的自我体认(1920—1926)

见,热衷于"反赤"的鼓噪,更有甚者面对三一八惨案却颠倒是非,追究所谓国共"群众领袖"的责任,结果加速了爱国联合战线的瓦解与知识阶级自身的分裂,是其失。在后来近代历史发展不同的阶段上,知识阶级的上述心态与自我体认,表现出了不同的特点。例如,1930年梁漱溟在《中国问题之解决》中断言:中国革命根本是文化改造,故认工农、被压迫者是中国革命的动力是全然错误的。"不但问题发动,非于问题有认识的知识分子不可;尤其解决问题的功夫,即是文化之推进增高,更非富于世界知识的知识分子不办。所以我们说,中国问题之解决,其发动主动以至于完成,都要靠其社会中知识分子。"[1] 在第三次国内战争时期,自由派知识分子则是公开以国共之外的第三势力自居,主张第三条道路。储安平在《中国的政局》中说:"在(国共)这种两趋极端之下,只有自由分子出来领导,可以获得一个中庸的稳定。""自由思想分子可以起来,应该起来;这不是他们高兴不高兴,愿意不愿意的问题,而是他们的一个历史上的责

---

[1] 梁漱溟:《梁漱溟全集》第五卷,山东人民出版社,2005年,第212页。

任问题。"[1] 末了"是他们的一个历史上的责任问题"一句，强调的正是势所必致、渊源有自来之意。实践证明，在中国两种命运两种前途决战的关键时刻，它又多走了一段弯路。醒狮派的左舜生晚年回忆说：当年"我们在言论上不只反对共产党，同时也反对容共的国民党，要在中国谈'第三势力'，我们也真可以算得是'第三势力'的老祖宗"[2]。然而，这是牵强附会。应该说，"第三势力"真正的老祖宗，当是"五四"前后"新起的阶级"——知识阶级。在"五四"后的近代史上，这个阶级的命运，包括其得失毁誉及其最终归宿，在很大程度上，都与它源于此期的自我体认密不可分。

（四）余论

"五四"前后是近代知识阶级整体走向自觉的重要

---

[1] 储安平：《中国的政局》，《观察周刊》第2卷第2期，1947年3月8日，引自蔡乐苏主编转《中国思想史参考资料集》，晚清至民国卷，下编，清华大学出版社，2005年，第603页。

[2] 左舜生：《书生建党的曾琦》，载《万竹楼随笔》，转引自沈云龙主编《近代中国史料丛刊》第5辑，文海出版社有限公司，1967年，第293页。

三、"五四"后知识阶级的自我体认（1920—1926）

时期。在随后的五卅运动和三一八运动中，这个"新起的阶级"在指导民众中更发挥了独到和重要的作用，从而扩大了自己的社会影响力。与此相应，它对责任与使命的自我体认，超越了思想解放的范围，开始与国民革命的实践相联系，并进而浸成了以中国社会精神领袖自居，欲充当"一切政治运动社会运动的指导者"更高的理想与抱负。知识阶级这种缘于阶级属性的个性与浪漫主义的认知，在很大程度上，决定了自己在近代史上得失毁誉和最终归宿的历史命运。由此可引出以下的认识：

既然近代知识阶级作为整体初登历史舞台，便先后领导了新文化运动和五四运动，复在国民革命的大潮中崭露身手，而且其自我体认，表现得如此自觉和自负，这说明：那种以为晚清科举既废之后，知识阶级便由社会中心走向了边缘化的看法，并不符合历史实际。恰恰相反，这个"新起的阶级"一经登台，便居于中国社会的中心地带，自视甚高，影响甚巨。在此后近代历史的发展中，无论各派政治势力如何纵横捭阖，它始终不失其作为制约各方的"第三势力"的存在。重视知识阶级的自我体认及其在历史发展中的得失，是正确认识近代历史不容轻忽的一环。

当年恽代英说："我们反对'士大夫救国论'，相信只有无产阶级能够领导各阶级从事国民革命。"[1] 刘一清也认为："在国民革命的过程中，知识阶级虽通常是居引导的地位，可是革命的大本营，还应建筑在无产阶级的工人和农民上面。"[2] 历史业已证明了他们的预见性。知识阶级于革命自有贡献，但其充当中国社会精神领袖与指导者的自我期许，却从未实现。新中国成立后，它最终接受中共的领导，也自有其必然性。由此引出的教训：一是前辈学者从唯物史观得出的许多正确结论，值得坚持；二是"皮之不存，毛将焉附"？知识阶级这个"毛"当附在什么"皮"上？这个似乎解决了的问题，在当下实际还存在，值得深长思之。

---

[1] 恽代英：《秀才造反论》，载《恽代英文集》下卷，人民出版社，1984年，第775页。
[2] 《国民革命与知识阶级》，《国闻周报》第11卷第8期，1924年11月8日，第2页。

参考文献

[1] 高平叔.蔡元培年谱长编：中［M］.北京：人民教育出版社，1996.

[2] 冯崇义.罗素与中国［M］.北京：生活·读书·新知三联书店，1994.

[3] 郑师渠.梁启超与新文化运动［J］.近代史研究.2005（5）.

[4] 陶菊隐.蒋百里传［M］.北京：中华书局，1985.

[5] 耿云志，欧阳哲生.胡适书信集：上［M］.北京：北京大学出版社，1996.

[6] 丁文江，赵丰田.梁启超年谱长编［M］.上海：上海人民出版社，1983.

[7] 胡适.胡适全集［M］.合肥：安徽教育出版社，

2003.

[8] 冯友兰.三松堂全集：第一卷［M］.郑州：河南人民出版社，2001.

[9] 赵元任.从家乡到美国——赵元任早年回忆［M］.北京：学林出版社，1997.

[10] 郑师渠.欧战前后国人的现代性反省［J］.历史研究.2008（1）.

[11] 施瓦支.中国的启蒙运动——知识分子与五四遗产［M］.李英国等，译.太原：山西人民出版社，1989.

[12] 袁刚，孙家祥，任丙强.中国到自由之路——罗素在华讲演集［M］.北京：北京大学出版社，2004.

[13] 陈宝泉，陶知行，胡适.孟禄的中国教育讨论［M］.上海：中华书局，1923.

[14] 袁刚，孙家祥，任丙强.民治主义与现代社会——杜威在华讲演集［M］.北京：北京大学出版社，2004.

[15] 罗素.罗素自传：第二卷［M］.陈启伟，译.北京：商务印书馆，2003.

[16] 徐志摩.徐志摩全集:第一卷[M].天津:天津人民出版,2005.

[17] 高平叔.蔡元培全集:第四卷[M].北京:中华书局,1984.

[18] 梁启超.饮冰室合集[M].北京:中华书局,1989.

[19] 冯友兰.一种人生观——冯友兰的人生哲学[M].北京:中国人民大学出版社,2005.

[20] 梁漱溟.梁漱溟全集[M].2版.济南:山东人民出版社,2005.

[21] 孙中山.孙中山选集[M].2版.北京:人民出版社,1981.

[22] 张君劢等.科学与人生观[M].合肥:黄山书社,2008.

[23] 周策纵.五四运动史[M].陈永明等,译.长沙:岳麓书社,1999.

[24] 郑师渠.新文化运动与反省现代性思潮[J].近代史研究.2009(4).

[25] 岳玉玺等.傅斯年选集[M].天津:天津人民出版社,1996.

[26] 陶知行,陈宝泉,胡适.孟禄的中国教育讨论[M].上海:中华书局,1923.

[27] 蒋梦麟.西潮[M].沈阳:辽宁教育出版社,1997.

[28] 陈独秀.陈独秀文章选编[M].北京:生活·读书·新知三联书店,1984.

[29] 陈独秀.独秀文存[M].合肥:安徽人民出版社,1987.

[30] 瞿秋白.瞿秋白文集:政治理论编:第一卷[M].北京:人民出版社,1987.

[31] 丸山真男.日本的思想[M].区建英,刘岳兵,译.北京:生活·读书·新知三联书店,2009.

[32] 李大钊.李大钊文集[M].北京:人民出版社,1984.

[33] 任建树.陈独秀传:从秀才到总书记[M].上海:上海人民出版社,1989.

[34] 蔡和森.蔡和森文集[M].北京:人民出版社,1980.

[35] 毛泽东.毛泽东选集:第四卷[M].北京:人民出版社,1991.

[36] 蔡尚思.中国现代思想史资料简编：第二卷[M].杭州：浙江人民出版社，1982.

[37] 胡颂平.胡适之先生年谱长编初稿：第二册[M].台北：联经出版事业公司，1984.

[38] 萨义德.知识分子论[M].单德兴，译.北京：生活·读书·新知三联书店，2002.

[39] 萨义德.文化与帝国主义[M].李琨，译.北京：生活·读书·新知三联书店，2003.

[40] 倪培耕.泰戈尔集[M].2版.上海：上海远东出版社，2004.

[41] 陈独秀.陈独秀书信集[M].北京：新华出版社，1987.

[42] 郭湛波.近五十年中国思想史[M].济南：山东人民出版社，1997.

[43] 张国焘.我的回忆：第二册[M].北京：现代史料编刊社，1980.

[44] 上海社会科学院历史研究所.五卅运动史料：第二卷[M].上海：上海人民出版社，1986.

[45] 顾颉刚.顾颉刚日记：第1卷[M].台北：联经出版事业公司，2007.

[46] 沈云龙.近代中国史料丛刊：第16辑［M］.台北：文海出版社有限公司，1986.

[47] 杨天石.钱玄同日记：中［M］.北京：北京大学出版社，2014.

[48] 吴虞：吴虞日记：下册［M］.中国革命博物馆，整理.荣孟源，审校.成都：四川人民出版社，1986.

[49] 中国社会科学院近代史研究所中华民国史组.胡适来往书信选：上册［M］.北京：中华书局，1979.

[50] 颜惠庆.颜惠庆日记：第二卷［M］.上海市档案馆，译.北京：中国档案出版社，1993.

[51] 中央档案馆.中共中央文件选集［M］.北京：中共中央党校出版社，1989.

[52] 欧阳哲生.科学与政治——丁文江研究［M］.北京：北京大学出版社，2009.

[53] 孙敦恒，闻海.三一八运动资料［M］.北京：人民出版社，1984.

[54] 江长仁.三一八惨案资料汇编［M］.北京：北京出版社，1985.

[55] 马叙伦.马叙伦自述[M].北京:中国大百科全书出版社,2012.

[56] 王凡西.《双山回忆录》[M].北京:现代史料编刊社,1980.

[57] 中共北京市委党史研究室.第一次国共合作在北京[M].北京:北京出版社,1989.

[58] 许纪霖.中国知识分子十论[M].修订版.上海:复旦大学出版社,2015.

[59] 朱乔森.朱自清全集:第三卷[M].南京:江苏教育出版社,1988.

[60] 蔡尚思.中国现代思想史资料简编:第三卷[M].杭州:浙江人民出版社,1983.

[61] 高平叔.蔡元培全集:第五卷[M].北京:中华书局,1989.

[62] 方维规."Intellectual"的中国版本[J].中国社会科学.2006(5).

[63] 博格斯.知识分子与现代性的危机[M].李俊,蔡海榕,译.南京:江苏人民出版社,2006.

[64] 张申府.张申府文集:第三卷[M].石家庄:

河北人民出版社，2005.

[65] 胡颂平.胡适之先生晚年谈话录[M].北京：新星出版社，2006.

[66] 鲁迅.鲁迅全集：8[M].北京：人民文学出版社，1981.

[67] 威廉斯.文化与社会[M].吴松江，张文定，译.北京：北京大学出版社，1991.

[68] 罗志田.权势转移：近代中国的思想、社会与学术[M].武汉：湖北人民出版社，1999.

[69] 杜亚泉.杜亚泉文存[M].上海：上海教育出版社，2003.

[70] 邵力子.邵力子文集：下册[M].北京：中华书局，1985.

[71] 王桧林.三余丛稿：我与中国现代史：下[M].北京：北京师范大学出版社，2015.

[72] 上海社会科学院历史研究所.五卅运动史料：第三卷[M].上海：上海人民出版社，2005.

[73] 恽代英.恽代英文集：下卷[M].北京：人民出版社，1984.

[74] 沈云龙.近代中国史料丛刊：第5辑[M].台北：文海出版社有限公司，1967.